運命は、きっと変えられるよ

94 messages
that make you happy.

宇佐美百合子

幻冬舎

運命は、きっと変えられるよ

はじめに

〝人を元気にする言葉〟をテーマに『もう、背伸びなんてすることないよ』を書いてから十年の歳月が流れました。その間に、私自身が変わったことや、やっぱり変わらないと思ったことがあります。

変わったことは、落ち込む時間が格段に短くなったこと。やっぱり変わらないと思ったことは、生きている限り悩みは尽きないということ。

でも悩む内容は、人生経験を積むなかでどんどん変わっていき、それとともに心の琴線《きんせん》に触れる言葉もまた変わっていきました。

私たちはそれぞれが独立した存在なので、心のなかはみんな違います。

悩みの種も、願望も、夢も、ひとりひとり違うけれど、「これだけは同じ」

というものがあります。

それは、落ち込んだときに元気づけてほしい、という思いです。

「どうすればいいのか、もうわからない」と頭を抱えたとき、本当はどうしたいのかという答えは、実は、それぞれの心のなかにはあるんですね。

ただ、そうすればうまくいくという自信がないから、勇気が出ないだけなのです。

だからといって何もしないでいると、「どうせ」「いまさら」「もうダメだ」という後ろ向きな感情が心に広がっていってしまいます。


そんなとき、もしもだれかが心のなかにある重たい気持ちを蹴散らしてくれたらどんなにいいかと思いませんか？

その人は、あなたのなかの弱気を一掃して、代わりに勇気をくれたり、ずっと抱えていた心の傷を癒《いや》してくれたりするかもしれません。

そんな頼もしい友人は、実はすぐそばにいるんですよ。

それは、たくさんの先人たちが残してくれた〝言葉たち〟です。

人知れず涙を流した夜や、不安で起き上がれなかった朝に、私の力になってくれた「言葉」という大切な友人を、この本を通してあなたに紹介します。言葉たちは、過去に私を救ってくれたように、必ずあなたの力になってくれるでしょう。


人々の胸に沁《し》みた言葉は、時代や国を超えて語り継がれます。なぜならそれは、人生を必死に生きた人たちの体験からしぼり出された〝命の言葉〟だからです。

私はこの本を書きながら、命の言葉を後世に残した人たちの熱い思いを感じていました。

それは、だれかの力になりたいという気持ち。それがいつしか私自身の

「あなたの力になりたい」という思いと重なっていったのです。

あなたが人生で落ち込んだら、何度でもこの本を開いてみてください。
そのときに必要な〝心の杖《つえ》〟となる言葉がきっと見つかるから。
あなたの胸に希望の光が灯《とも》されることを信じています。

宇佐美百合子

運命は、きっと変えられるよ　もくじ

装幀・本文デザイン　松岡史恵
装画・本文イラスト　国分チエミ
ＤＴＰ　小山宏之（美創）

笑顔になれないとき

落ち込んだときはつぶやいてみて

「いいよ、いいよ、そんな日もある」

人生はなかなか思うようにいきませんよね。自分に腹が立ったり、嫌気が差したりと、凹《へこ》む体験には本当に事欠きません。それらすべてを〝成長の糧《かて》〟に変えられたらどんなにいいでしょうか。

そのためには、落ち込んだ自分を絶対に否定しないこと。否定しないで〝そんな体験をした自分〟をまるごと肯定するのです。

だまされたと思って、凹んだときはこんなふうに言ってみてください。

「いいよ、いいよ、そんな日もある」

もしかすると、くすぐったいような安堵《あんど》感《かん》を覚えるかもしれません。

そうだとしたら、あなたは普段から、自分の体験や自分自身を否定することにすっかり慣れてしまっているのでしょう。

『すべての日が、それぞれの贈りものを持っている』

そう語ったのは、古代ローマの詩人、マルティアリス。落ち込む日も、あなたの人生や成長に必要な一日なのです。

がんばるだけが
いいわけじゃない

「遊んでばかりいないでもっと勉強しなさい！」

そう言われて育った人は多いのではないでしょうか。

「遊んでばかりいてはいけない」という観念は、大人になると「怠けてはいけない」「しっかり働かなくてはいけない」という観念に替わります。

すると困ったことに、心や体がもう限界だと感じてもなかなか休もうとしなくなります。〝休むこと〟と〝怠けること〟はまるで違うのに、心身が壊れるまで足を止められなくなってしまうんですね。

あなたにもそんな傾向がありませんか？

『勤勉だけが取り柄なら蟻《あり》とかわるところがない。何のためにせっせと働くかが問題だ』とアメリカの作家、ソローは警鐘を鳴らしました。

もし、あなたが心と体に疲れを感じていたら、休むことをためらわないで。足を止めてソローの言葉をかみしめてみましょう。

休息の時間にこそ、きっとより深く生きるヒントを見つけられるから。

あなたの〝いい加減〟を
大切にして

私は若いころ、完璧主義で心配性でした。何事もやるからには計画通りに進めようとして、年がら年中、あせっていました。

当時、もっとも苦手だったことは〝いい加減〟です。

「何事もいい加減にしてはいけない」とは思っても、まさかこの言葉に「ちょうどいいあんばい」という意味もあったとは夢にも思いませんでした。それを知ったときは「こんなに自分にやさしい言葉だったんだ……」と感心して、以降は〝私のいい加減〟を大切にするようになったのです。

日本には、**『急がば回れ』**ということわざもあります。

あなたが早くやってしまいたいと思うことがあったとしても、その日の体調の良し悪しや、ほかにしなくてはいけないこととの兼ね合いもあるでしょう。

そんなときこそ、余裕を持って〝いい加減〟に——。

それは手を抜くことではないんですよ。さまざまな状況を背負った〝その日の自分〟を最大限に生かせるよう、柔軟な判断をすることなのです。

笑顔でいることは
幸福への近道

心がゆるんでいるときの顔はニコニコして穏やかです。

かたや、心が沈んでいるときの顔はふてくされてこわばっています。

今、そっと顔に手を当ててみて、もしこわばっていたら、何か思うようにならないことがあって気が滅入《めい》っているのかもしれませんね。

だったらなおのこと、表情だけでもニコッとしませんか？

そう言われても急に笑ったりできない……と思うなら、ペンか割《わ》り箸《ばし》を横にして口にくわえてみて。口角をイーッと上げていると、それだけで楽しい気分になっていくから。これは脳の実験で証明されていること。口角を上げると、実際におもしろいことがなくても、脳は「今は楽しいんだな」と錯覚して心をゆるめてくれるのです。

『**笑う門には福来《きた》る**』ということわざがあります。

空を仰ぐのに理由なんていらないように、ニコニコすることにも理由なんていりません。楽しい表情で心をゆるめて、幸運を呼び込みましょう！

イラッとしたら
自分にほほえみかけて

どんな雑音も、それ自体があなたをイラつかせるわけではありません。自分がとても集中しているときは、隣の人が電話で話す声も、動いて立てる物音も、不思議なくらい気にならないものです。

でも、心が別のことでいっぱいいっぱいだと、些細《ささい》な音が気になり、目の前のことに集中しようとすればするほど耳が雑音を拾ってしまうんですね。

そんなときは、いったん「すべきこと」を中断して、リフレッシュするのが一番です。ゆっくりお茶を飲んだり、屋外に出てひと息入れましょう。

そんな時間もないという人には、いい方法があります。〝満面の笑みを自分にプレゼント〟という方法です。

鏡の前でフルスマイルを作って、そのまま三十秒間キープしてみましょう。

『笑顔はすべてを正してくれる曲線』とアメリカの女優、フィリス・ディラーが言ったように、少しのあいだ笑顔でいると心の乱れが収まってきます。

きっと、「マイペースでいいんだ」と思えるようになりますよ。

心が疲れたときは
体をほぐしてあげよう

だれかを非難したり攻撃したりすると、精神的にぐったり疲れませんか？それと同じように、自己嫌悪に陥って自分を責めていると、それだけで心はヘトヘトに疲れてしまいます。

そんな状態が長引けば、知らず知らずのうちに体までガチガチに固まってしまい、それが不快な感覚をいっそう募らせるんですね。

そんなときの特効薬は「心と体をほぐす」こと。心がかたくなになってしまい、なかなかゆるんでくれないときは、体からほぐしましょう。

私は温泉に出かけます。骨の髄まで沁みるような快感に身を預けていると、頭のなかがカラッポになって、自分に対するネガティブな感情が一気にゆるみはじめます。その解放感がたまらず、うれし涙が頰《ほお》を伝うことも――。

東洋には、『**心身不二**《しんしんふじ》』という考え方があります。心身はもともと一体だから、体がほ～っとゆるめば、心もふ～っとゆるみます。

体を労《いた》わってあげることは、心を癒してあげることでもあるのです。

最近、いつ「ばかやろう！」って叫んだ？

海外のアニメ映画の吹き替えを終えた若い女優さんに、「一番印象に残った台詞《せりふ》はなんですか？」とレポーターが尋ねました。

「『ばかやろ〜!!』です」

「えっ？　どうして……」と戸惑いを隠せないレポーターに、その女優さんは、

「だって、大声で叫んだらすっごく気持ちよかったんです！」。

私は思わず吹き出してしまいました。「愛くるしい顔をした女優さん、知らないうちにずいぶん〝怒り〟を溜《た》め込んでいたのね」と思ったから。

自分が怒りを押し殺しているとき、タイミングよくその感情を発散できると、「ああ、さっぱりした。気持ちいい」と感じます。

『**絶叫は、最強のストレス発散**』というのは心理学の定番。「ばかやろう」なんてめったに口にするものではないと思っている人ほど効果があるのです。

たまに〝ひとりカラオケ〟で、人目も声量も気にせず、「ばかやろ〜!!」と絶叫するのは、心にも体にもいいことなんですよ。

ひとりの時間は
行く道を確かめるとき

「ひとりで過ごす時間が苦手」という人はいませんか？

けれど、私たちは一日のうちのどこかで〝ひとり〟になって、自分自身を振り返る時間が必要なんですよ。

『この世で一番大事なことは、自分が〝どこ〟にいるかということではなく、〝どの方角〟に向かっているか、ということである』

アメリカの作家、オリバー・ホームズのこの言葉にしたがって、自分がどこに向かっているかを確かめるために、寝る前にこんな質問をしてみましょう。

「今日はどんなことを我慢した？」

「やればできたけど、しなかったことがある？」

「明日はこうしたいな、と思うことは何？」

しばらく答えを書き留めていくと、無意識に抑えつけていた感情や、あきらめかけていた願望が浮き彫りになって、悔いを残さない道が見えてきます。

それこそが、あなたが進みたい方角なのです。

失恋は、もっと素敵な恋のためにある

私たちは大きな痛手から立ち直れないとき、ネガティブなことばかり想像して、苦しみを増幅させてしまうことがよくあります。

たとえば失恋の場合、痛手から立ち直ってこそ、「あの恋は貴重な経験だった」と思えるようになるのですが、それまでは食事も喉《のど》を通らないほど落ち込みます。それは、想像力を〝マイナスの方向〟に使ってしまうからなのです。「次の恋もうまくいかないんじゃないか」「もうだれも愛せないんじゃないか」という妄想に駆られて、ますます苦しみを広げてしまうんですね。

『地獄とは何か、それはもはや愛せないという苦しみだ』という言葉を残したのは、ロシアの小説家、ドストエフスキー。そんな地獄に陥らないよう、苦しいときこそ、想像力を〝プラスの方向〟に使ってください。

「ひと皮むけていい女になった」「相手を見る目ができた」「今度、私の隣に座るのはだれ?」と無理にでも明るい想像をしていると、ふたたび人を愛する勇気が生まれ、今度はもっといい恋愛ができるでしょう。

涙があるから
心は前に向く

悲しいとき、あなたは人前で泣くことができますか？

私は人前で泣くのはみっともないと言われて育ったので、どんなにイヤなことがあってもぐっと涙をこらえて帰宅し、シャワーを浴びながらオイオイ泣く、ということが数えきれないほどありました。

涙は、こらえるものではなく、流したほうがずっといいものなのです。

泣きたいときは、心が痛みを解き放ちたがっているときなのだから、ありのままの正直な自分でいたらいいいんですよ。

インドの指導者であるガンジーは、こんな言葉を残しています。

『束縛があるからこそ、私は飛べるのだ。悲しみがあるからこそ、私は高く舞い上がれるのだ。逆境があるからこそ、私は走れるのだ。涙があるからこそ、私は前に進めるのだ』

泣くのは、心が弱いからではありません。みっともないことでもありません。

それは前に進むために必要な〝心のリセット〟なのです。

心が傷ついたときは
ただただ眠って

心がズタズタに切り裂かれると、生きる気力をなくして「もう死んでしまいたい」と思うことがあるかもしれません。でも、それは心が途方に暮れて「こんなはずじゃなかった」と泣いているだけなのです。

そんなときは、なぜこんなことになってしまったのか、どうやってこの苦しみから逃れようか、とあれこれ頭で考えてはいけません。

ヒリヒリする胸の痛みを抱き寄せて、そのまま眠りましょう。

アメリカの哲学者、ウィリアム・ジェームズはこう言っていたそうです。

『苦しいから逃げるのではない。逃げるから苦しくなるのだ』

動物は傷を負うと、食べもせず、身じろぎもせず、ただじっと痛みを感じることで傷を癒します。動物は本能でそうするのですが、この〝治癒力〟は人間にもあります。痛みに抵抗しないことで治る力をあなたは持っているのです。

だから、死にたいほど苦しいときは、頭を空白にしてじっとしていること。

余計なことをいっさい考えなければ、じきに元気になれるから。

〝とき〟は
偉大な癒し手

いつ会っても明るく前向きな人にも、涙に暮れて過ごした日々は必ずあるもの。いちいち口にしないだけで、だれもがそんな悲しみを呑《の》み込んで懸命に生きているのです。

けれど、どうしても悲しみから抜け出せないときに、キラキラと輝いている人の姿を見ると、なんだか自分だけがポツンと取り残されてしまったように感じることがあるかもしれません。

そんなときには、あえて何かしようとしなくていいんですよ。

小舟が漂うように〝ときの流れ〟に身を任せてみませんか？

『今から一年も経《た》てば、私が今抱えている悩みなど、およそくだらないものに見えるだろう』と、イギリスの詩人、サミュエル・ジョンソンが言ったように、時間の経過とともに、どんな物事も必ず移り変わっていくのです。

今は悲しみに沈んでいるあなたの心も少しずつ癒されていくから、〝とき〟という偉大な癒し手の力を信じて回復を待ちましょう。

さみしさをさらけ出したら
孤独じゃなくなる

「ひとりぼっちだからさみしくても仕方がないんです」と語る女性の横顔は、虚《むな》しく孤独に耐えているように見えました。

「あなたの課題は、さみしさに耐えることじゃなくて、さみしくてやりきれない気持ちをほかの人にさらけ出すことですよ」と私は伝えました。

彼女だけではありません。本当はさみしくてたまらないのに、「我慢して当然のこと」と勘違いしている人が大勢いるように感じるのです。

ロシアの小説家、トルストイは、『**孤独なとき、人間はまことの自分自身を感じる**』と指摘しました。その通り、孤独なときに人の心は裸になります。

孤独を感じたとき、やり場のないさみしさに身もだえするあなたがいたら、それこそが〝まことの自分〟です。

そんな心情を、勇気を出して信頼できる人に吐露してみましょう。

まことの自分をさらけ出せると、心の底にオリのように溜まっていたさみしさが流れ出して、もうひとりぼっちじゃなくなるから。

〝かわいそうな自分〟でいると
人生が前に進まないよ

ひどい目に遭うと、「私はかわいそうな被害者なのよ！」と思わず訴えたくなります。けれど、加害者を仕立ててその人を恨んでいると、心が後ろ向きになって前に進めなくなってしまうんですね。

『人を呪《のろ》わば穴二つ』といいます。そんなときはこう考えてみましょう。

「私は被害者として生きていくためにひどい目に遭ったわけじゃない。もしかしたら、あのときの私には〝苦汁をなめる体験〟が必要で、あれは自分の魂が立てた計画の一部だったのかもしれない……」と。

あなたの魂は、あなたを成長させようとして、人生にさまざまな計画を立てているものなのです。そのときは苦しいばかりでわけがわからなくても、だれも恨まずに歩いていけば、魂の意図が腑《ふ》に落ちるときが必ずやってきます。

そのときあなたは、人生にはいらない体験なんてないこと、被害者も加害者もないこと、さらに、当時は加害者としか思えなかった人が、実は自分を成長させるために現れた〝恩人〟だったことに気づくでしょう。

絶望の先に
見出される光がある

落ちていくときは悪いことが次から次へと重なるもの。八方塞《ふさ》がりでどうすることもできず、このまま奈落の底まで転落するのか――と、目の前が真っ暗になってしまったら、「どん底まで落ちる」ことを怖がらないで。

そんな目に遭ったら二度と立ち上がれない……と思いますか？

いいえ、大丈夫！　とことん落ちれば、あとは這《は》い上がるだけだから。

水は沸点に達すると水蒸気に変わりますが、マイナスの感情も、徹底して味わうとスッと軽くなってプラスの感情に転じるときがやってきます。

それを、イギリスの哲学者、アイリス・マードックはこう表現しました。

『何もかもが変わっていく瞬間があります。今まで嘆いていたことが突然どうでもいいことに思えてくるのです』

奈落の底で絶望と恐怖をなめ尽くした人は、そこで地を這うようにして光を見出《みいだ》し、突然、息を吹き返します。マイナスの感情が極まってプラスの感情に転じた瞬間から、何もかもが好転しはじめるのです。

人生に足りないものなんて
ほんとは何もない

「私にもっと○○があったらなぁ……」

「あの人はいいな、どうしてあんなに恵まれているんだろう……」

そんな気持ちになることがよくある人は、思考を百八十度切り換えましょう。「私にもっと○○があればよかった」ではなく、「私にないものは、私には必要ないから〝ない〟のだ」と考えてみるのです。

オーストリアの心理学者、アドラーは、『**大切なことは何が与えられているかではなく、与えられているものをどう使うかである**』と説きました。

私たちは生まれながらに、幸せに生きていくのに必要なものはすべて備え持っています。ただ、それをうまく使いこなせないと、「こんなものはいらない」と思ったり、人のものをうらやましく感じてしまうだけなんですね。

あなたに与えられているものは、どんなものでも百パーセント、あなたの幸せにつながっています。だから、あなたが持っている長所を見つけて、それらひとつひとつをどう生かせば幸せに生きられるかを、真剣に考えてみて。

あなたには
もっといいものが用意されている

だれの人生にも、「ものすごくがんばったのに、全然報われなかった」ということがしばしば起こります。そこで〝なげき悲しむ人〟と〝次に向かって奮起する人〟を二分するものはなんだと思いますか？

それは、報われなかったことを「ひどい、最低」としか思えないか、「それもまあ、よし」と思えるかの違いなのです。

『ひとつの扉が閉まれば、別の扉が開くものだ。しかし、人は閉まってしまった扉を長いあいだ未練たっぷりに見つめてしまい、自分のために開かれた扉に気づかない』と指摘したのは、アメリカの発明家、グラハム・ベル。

あなたがまだ気づいていない扉の向こうには、今後の人生を一変させるような出会いや出来事が待ちかまえているかもしれません。

これまでずっとがんばった自分を「本当によくやった」とねぎらい、結果は「まあ、よし」と割り切れば、きっと新たな一歩を踏み出せます。

報われなかったときこそ、顔を上げて別の扉を見つけるときなのです。

内に潜む能力を
いつでも信じていて

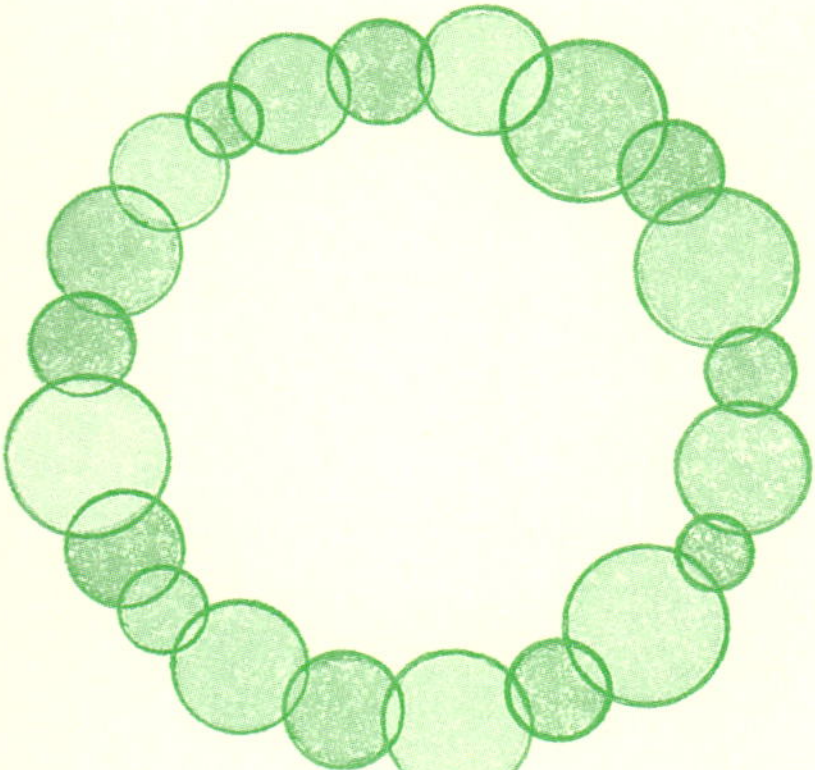

「自分には才能がない……」と、失望するときってありますよね。

でも、自分を信じられないと、先のことが不安でたまらなくなります。

もしもあなたが、「本当はもっと自分の能力を信じたいけど、また失望したくない」と気弱になっているとしたら、それはあなた自身が「自分はしょせん、ちっぽけで無力な存在」と思っているからでしょう。

それは思い違いですよ。私たちはひとり残らず、生まれたときから〝人智を超えた大いなるもの〟に生かされている、未知の才能そのものだから。

漫画の神様、手塚治虫は、こんな言葉を残しています。

『人を信じよ、しかしその百倍も自らを信じよ』

心がくじけそうになって自分の力を信じられなくなったら、あなたをこの世に送り出してくれた〝大いなるもの〟に思いをはせてみてください。

そして、今の百倍、「私は無力じゃない。無限の可能性を秘めている！」と力強く信じましょう。

私たちはみんな
魂の仲間

大好きだった人が亡くなると、その人と自分を隔てていた物事が消えて、いつもすぐそばで見守ってくれているように感じることはありませんか？

私は心がグラついたり、ひどく落ち込んだりすると、もう会えなくなってしまった肉親や友人に、「助けて！　どうすればいい？」と呼びかけます。それで何かひらめくときもあれば、全然ひらめかないときもありますが、自分の声が彼らに届いたと思うとなんとなく安心します。

そうして心穏やかになることで、解決の糸口が見えてきたりもするのです。

『私たちの国籍は天にあります』

これは聖書のなかの言葉ですが、どの人もみんな、いつかこの世での学びを終えて天に還《かえ》っていく〝魂の仲間〟だと私は思っています。

だからこそ先人たちは、まだこの世でそれぞれの課題に懸命に取り組んでいる私たちが、少しでも早く確かな道を進めるように、愛を込めてそっと見守っていてくれるのです。

人づきあいが苦しいとき

「あのね」は勇気をくれる魔法の言葉

「今思っていることを伝えたい！　でもなんて言えばいい？」

言葉が見つからず、戸惑っているうちに言いそびれてしまった……。そんな経験はありませんか？

『〝垣根〟は相手が作っているのではなく、**自分が作っている**』と、古代ギリシャの哲学者、アリストテレスは指摘します。

だったら垣根を取り払う、〝魔法の言葉〟を使いましょう。

それを使えば、自分の話に持っていくタイミングや、気持ちを打ち明けるきっかけを作ることは、あなたが思っているよりも簡単です。

飛行機の機内アナウンスでは「アテンション・プリーズ」と言いますよね。日常会話でそれに相当する言葉は「あのね」。それとなく話題を変えたいときや相手の気を引きたいときには、もってこいの呼びかけなのです。

「あのね、聞いてくれる？」と前置きすれば、たとえつたない説明でも、きっと相手は耳を傾けてくれるでしょう。

〝受け取り上手〟は〝お返し上手〟

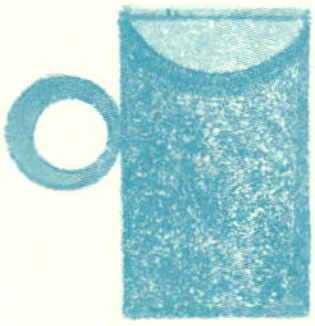

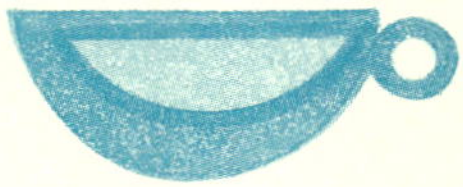

だれかに「よくやってるね」とか「すばらしいよ」とほめられたとき、あなたはどんな反応をしていますか？　ちょっと思い出してみて。

いつも「ありがとうございます。うれしいです！」と明るく応《こた》えているなら問題ありませんが、「いいえ、そんなことないです。私なんか全然ダメです」と応えている人はいませんか？

本人は〝謙虚な態度〟のつもりでも、これだとほめてくれた人の好意を無にすることになってしまうので、かえって印象が悪くなるのです。
本田宗一郎は、**『つねに率直に味わうことが大事だ』**と説きました。

ほめられたら正直に喜びを表す、そんな〝受け取り上手〟になりましょう。

そうすれば、「私のがんばりをちゃんと見ていてくれる人がいる」「ひとりじゃない……」と思うことができるから、最初に自分自身が癒されます。

それだけではありません。ほめられる喜びを味わうと、自分も相手を喜ばせたくなって、自然に人をほめることができる〝お返し上手〟になりますよ。

「すみません」に替えて
今日から「ありがとう!」

だれかがエレベーターを開けて待っていてくれたときや、うっかり落としたものを拾ってくれたとき、思わず「すみません」と言っていませんか？

私もそうでしたが、あるときエレベーターに駆け込んできた小学生に「ありがとうございます！」と元気いっぱいに言われて、こちらが爽快な気分になったんですね。それ以来、私は「ありがとう」を好んで使うようになりました。

『「ありがとう」と言うほうは何気なくても、言われるほうはうれしい。「ありがとう」これをもっと素直に言い合おう』と、松下幸之助は奨励しました。

「すみません」はもともと謝罪や恐縮の気持ちを表す言葉だからでしょうか、会釈したままうつむいて言う人が多いような気がします。

それに引き換え「ありがとう」は、相手の顔を見て感謝や喜びの気持ちを伝える言葉。言われたらうれしいし、お礼を言った人もまた、相手の思いやりを「受け取った」という実感を得られます。

そんなやさしい心の交流が、たったひとつの言葉から生まれるのです。

あなたが心地いい範囲は
みんなも心地いい範囲

あなたが心地よくいられる範囲は、あなた以外の人にはわかりません。もし、人に振り回されて不機嫌になってしまうことがよくあるなら、あなたは自分にちょうどいい範囲を超えて生きようとしているのかもしれないですよ。

たとえば、よかれと思って無理して出かけたものの、「あーあ、やっぱりやめておけばよかった」と悔やんだことはありませんか？　断わり切れずに引き受けたことが、過度の負担になってイライラしてしまったことは？

自分に無理や我慢を強《し》いると、どうしても態度がぎこちなくなります。そして一緒にいる人の目には、それが「つまらなそう」に映ってしまうのです。

それでは、無理や我慢をしたかいがありませんね。

福沢諭吉は、『**他人の迷惑にならない〝欲望〟は、すべて善である**』と断言しています。その言葉を信じて、まずは自身が心地よくいられる範囲を知りましょう。そのなかでできることをすれば、だれに対しても機嫌よく振る舞うことができます。結果、あなたもみんなも心地よくいられるようになるのです。

断わるときは
あなたの誠意を表すとき

友だちや職場の人からの誘いを断わるとき、「悪いなぁ」と気がとがめたり、「つきあいが悪いと思われるかな」と心配になることがあるかもしれません。でもそう思うと、「断わる＝よくない」となって八方美人になってしまいます。

そんなときは、「もし、自分が誘って断わられる立場だったらどうだろう？」と想像してみましょう。

素っ気なく断わられるのも、その場逃れの嘘《うそ》をつかれるのもイヤですよね。できれば誘ったことを喜んでほしいし、ダメならダメで正直に理由を話してほしい。そう思いませんか？

だったらその気持ちを、誠心誠意、相手に伝えることです。

『**内に誠あれば外に形る**《あらわ》』ということわざがあります。

断わるときは、あなたの内面を見せるとき。口から飛び出した言葉が誠なら、ストレートに相手の胸に届くでしょう。そうしていつでも〝ありのままの誠実な自分〟でいたら、人はあなたを嫌わないものです。

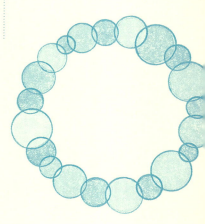

最後まで〝聞ける〟人が

人生で成功する

相手が話している最中に言いたいことの察しがついたり、「違う、そうじゃなくて」と反論したくなったりすると、つい話をさえぎって自分がしゃべり出してしまうことはありませんか？

ポンポン会話を進めたい気持ちはわかりますが、人は途中で自分の発言をさえぎられると、なんだか心までさえぎられたような気がして、それがあなたの印象になってしまうのです。

逆に、最後まで関心を持って話を聞いてもらえると、「思いを汲《く》んでくれる」「控えめで感じがいい」といった印象が残ります。

関心は、黙ってうなずくだけでも伝わるもの。それだけで相手は、「この人はちゃんと受け止めてくれている」と感じるからうれしいんですね。

アメリカの思想家、デール・カーネギーは、『**自分のことばかり話す人間は、自分のことだけしか考えない**』と言っています。信頼関係や協力者を得るチャンスは、すべて「話をよく聞く」ことから生まれるのです。

人に甘える強さを持とう

他人にかわいらしく甘えられる人を見ると、「いいな」とうらやんだり、少し悔しい気持ちになってしまうとしたら、あなたは人に甘えることが下手《へた》なのかもしれませんね。心のどこかに、「甘えるのはずるいこと」「甘えて迷惑をかけてはいけない」という気持ちがありませんか？

それは勘違いです。むしろ甘えることが上手な人は、「自分の弱さをさらけ出す強さ」と「相手の度量を見抜く目」があるから甘えられるのです。

度量とは〝懐《ふところ》の深さ〟。あなたが普段から「この人は懐が深いな」と感じている人に、一度心を開いて甘えてみてください。

『本当の親切とは、親切にするなどとは考えもせずに行われるものだ』

これは老子の言葉ですが、本当に懐の深い人は、自分を頼りにされるとその人の力になれることをうれしく思って親切にしてくれるものなのです。

それを肌で感じれば、「甘える・甘えさせる」というコミュニケーションの奥深さに、きっと心から感動するでしょう。

〝いい距離感〟は
パートナーでも大事だよ

人には〝相性〟というものがあります。黙っていても気持ちが通じる人もいれば、話し合えばわかる人、いくら話し合っても違和感がぬぐえない人もいます。その意味では、だれとでも親密な間柄になれるわけではないんですね。

これは、夫婦や恋人同士でも同じです。

包み隠さずものを言ったあとで必ず打ち解けられるならいいのですが、パートナーといえども価値観は別々。自分の価値観を押しつけて、拒絶されたと怒ったり、また相手を責めたりして、余計な溝を作らないようにしましょう。

ドイツの哲学者、ニーチェは、『**あなたにとってもっとも人間的なこと。それは、だれにも恥ずかしい思いをさせないことである**』と述べました。

いつでも相手を立てて恥ずかしい思いをさせないことが、仲よくやっていく秘訣だとすれば、必要なのは〝いい距離感〟です。

相手を客観的に見られるいい距離感と、パートナーならではの親密感のバランスをうまく取って、かけがえのない快適な関係を築きましょう。

わかり合いたいなら
あせらないで

大勢の人に交じって、自分が観劇しているところを想像してみてください。幕が下りて、まわりの人と感想を述べ合うことになりました。そこであなたが「みんな同じ場面で感動したに違いない」と思い込むと、「えっ、どうしてこんなに違うの?」とあわてることになるんですね。

これは、ともに暮らす家族にも言えること。人間は同じものを見ても、そのときの立場や抱えている悩みによって、まるで違う見方をするからです。

『人間を理解する方法はたった一つしかない。それは、彼らを判断するのにけっして急がないことだ』

フランスの小説家、サント=ブーヴのこの忠告にしたがって、せっかちに相手を判断せず、「人は自分と違う見方をするもの。同じ人でも、状況が変われば見方も変わるもの」という前提でまわりの人を理解しましょう。

そうすれば、「あの人とはわかり合えない」と自分が傷つくことがなくなって、逆に共通点を見つけたら、今の何倍も喜べるようになるから。

愛されたいなら
愛する人になって

「人を愛するより、とにかく人から愛されたい！」と思っていますか？

「イエス」と答えた人は、「自分が愛した人に、もしも自分が愛されなかったら耐えられない……」と恐れる気持ちが心にあるのかもしれませんね。

アメリカの心理学者、バーバラ・アンジェリスはこうアドバイスします。

『愛することで失うものはひとつもない。何かを失うのは、つねに愛さないことによってである』

あなたが愛される秘訣は、怖がらずに愛をあげること。「自分から愛そう」と素直に思うことなのです。恋人、友人、仕事仲間、家族など、あなたの好きな人に、あなたの好意を惜しむことなく語ってみてください。そしてその思いを行動にも表してみましょう。

ひたむきに人を愛する姿は、はたから見てもとてもキュートなもの。そこには、あなた自身がまだ気づいていない素敵な部分が表れてきます。

だから、ただ人を愛すれば、人からも愛されるようになるのです。

怒っている人は
胸の奥で泣いている

怒りをあらわにしている人を目の当たりにすると、負の感情を強引に押しつけられたように感じて、イヤ〜な気分になりますよね。

けれど、どんな人でも、のびのびと自分を発揮できて物事が順調にいっていたら、怒りを爆発させることはありません。怒るのは、自分を抑えつけているか、物事がうまくいっていないときなのです。

かつて、マ・レイニーというアメリカのブルース歌手が、**『心が痛い日だってそりゃあるわ』**と言い放って脚光を浴びましたが、まさにそんなとき。

心理学では、怒りを放っている人は胸の奥でSOSを発信していて、それは「私をわかって」「私を助けて」「私を愛して」のどれかだと分析します。

もし身近な人が怒っていたら、そっと寄り添って「何がそんなにつらいの？」と尋ねてみては？　それだけでその人は救われるかもしれませんよ。

同じように、あなた自身も心が怒りでいっぱいになってしまったら、どんなSOSを発信しようとしているのか、爆発する前に胸の奥に尋ねてみて。

怒っても、いじけても
なんにもいいことないよ

頭にきて、これみよがしにドアをバーンと閉めたことはありませんか？

では、話しかけられてもそっぽを向いて返事をしなかったことは？

そうやって怒りを見せつけて人に気遣ってもらおうとしても、なかなか思うようにはいかないものです。

そんなことは百も承知で、それでも家族や恋人や親友といった近い人には、自分の痛みを察してほしくて横暴な態度を取ってしまうことはよくあります。

そんなときは、九十秒間、怒りをじっとこらえてみて。

そう勧めるのは、アメリカの脳科学者、ジル・テイラー。『**普通は九十秒間、怒りに耐えれば、脳内の興奮が収まって頭を冷やすことができる**』と解説しています。そうして冷静になったところで、「あのね、私、心が傷ついちゃった……」と伝えれば、相手はきっとそのわけを尋ねてくれるでしょう。

感情に任せて態度に表すより、頭を冷やしてから言葉で伝えるほうが、あなたの心のありようが確実に相手に伝わりますよ。

自分の欠点を許せないと
人の欠点も許せない

『お前は、他人のなかにある自分と同じ欠点を、むち打とうとするのか』

シェイクスピアの言葉に、思わずドキッとした人はいませんか？

自分の欠点を許していないと、家族やまわりの人たちの欠点も許せなくて、非難したり毛嫌いしたりしてしまいます。そのせいで相手のいいところが目に入らず、関係がスムーズにいかないとしたら残念なことです。

この世に完璧な人間なんてひとりもいません。たいていの人は、自分の欠点をそれなりに自覚しているからこそ、欠点を含めた自分をまるまる受け入れてもらえると感激するんですね。

そんなだれにでもある〝欠点〟を、〝未熟さ〟ととらえてみませんか？

だれにでも未熟な部分があるのは、人生経験を積んでこれから円熟していくためなのです。その過程を応援し合うのが身近にいる人たちです。

お互いの未熟さを温かく受け入れて、ともにきれいに円《まる》く熟した人になっていきましょう。

だれかを許せないときは
自分の課題を見つけるとき

「許せない！」と憤ったら、ちょっと気を鎮めて。「だれを許せない」のかではなく、「何を許せない」のかを考えてみましょう。

その答えのなかに、あなたが取り組むべき課題が隠れているからです。

たとえば、同僚のひとりが自分について悪い噂《うわさ》を立てていることを知って、「許せない！」と思ったとします。でも気を取り直して、何を許せないのかと本心を探っていくと、「悪い噂が広まって自分が仲間はずれにされるかもしれないことが許せない」とわかりました。

そこに見えてきたのは、人の噂にすぐうろたえてしまう自分……。

課題は、〝自分が噂に振り回されなくなること〟だったのです。

『**人づきあいがうまいというのは、人を許せるということだ**』

そう語ったのはアメリカの詩人、ロバート・フロスト。だれかを「許せない」と思ったら、自分の課題を探すことに専念しましょう。そうすれば、そこにいるのは課題を提供してくれた人。許せない人はもういなくなるから。

なんか違うと思ったら
〝正そう〟より〝わかろう〟

相手を正して、「あなたのために言ったのよ」とわざわざ言い添えるのはよくあること。「あなたのため」とことさら主張するのは、相手をコントロールしたい気持ちをカモフラージュしているときなんですね。

子どもが親に反発するのはそんなとき。親の下心を見抜いた子どもは、なかなか聞く耳を持とうとしません。

あなたがよかれと思って相手に意見を伝えるときにも、下心があるのではとあらぬ誤解を招かないよう、ちょっと気を配りましょう。

相手を「正そう」としてものを言うと、責めるモードになりがちです。

そんなときは、相手を「わかろう」という気持ちで言葉を発しましょう。

「私はこう思うけど、あなたはどう思う?」と問いかけるようにして、相手の考えを知ろうとする姿勢がとても大切です。

ボブ・ディランのこの言葉を、頭の隅に置いておくといいですよ。

『君の立場になれば君が正しい。僕の立場になれば僕が正しい』

〝強がり〟が消えると
〝つながり〟が生まれる

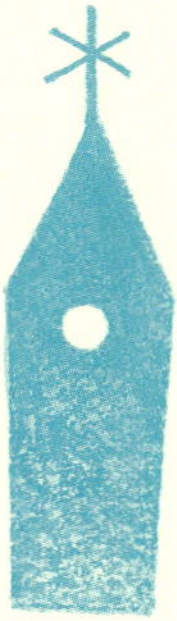

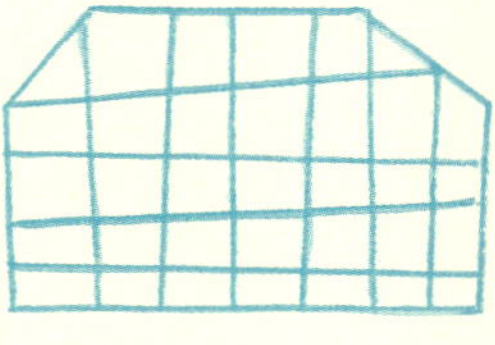

「弱音を吐くのは情けないことだ」と思い込むと、仕事や人間関係でどんなに憂うつなことがあっても、家族や恋人の前ではいっさいつらい顔を見せず、気丈に振る舞ってしまいます。

けれど、心が満杯になれば、感情は否応《いやおう》でもあふれ出します。それでヒステリックになったり、人と接したくなくなったりしてしまうんですね。

少しでも思い当たる人は、〝弱音を吐く勇気〟を奮いませんか？

『何も打つ手がないとき、一つだけ打つ手がある。それは勇気をもつことである』というユダヤの格言があります。

めったに弱音を吐かないあなただからこそ、相手は「私を信頼してくれた。必要としてくれた」と、きっと喜んで耳を傾けてくれますよ。

あなたの強がりが消えると、新たな〝つながり〟が生まれます。

お互いがお互いをこれまでよりもずっと頼りにできるようになって、「支え合って生きている」という感覚が生まれるからです。

「自分が一番大事」
それでいいんだよ

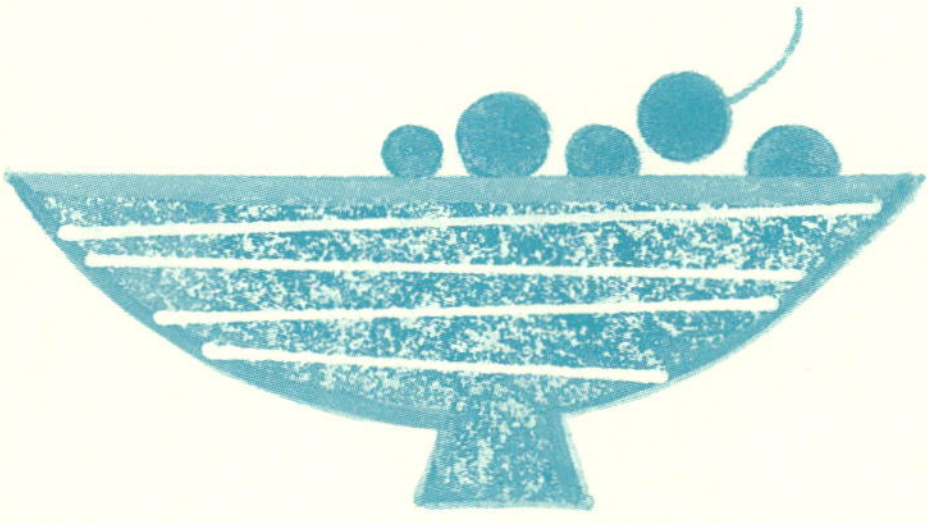

ほかの人のことを第一に考える〝やさしい私〟でいられるときもあるけど、それよりずっと、自分のことばかり考える〝醜い私〟のときのほうが多い……。どうすれば、利己的な心をなくせるのだろう？

まじめなあなたは、そんなことを思って胸を痛めているかもしれませんね。でも、自分のことばかり考えるのは醜いことではないし、生身の私たちに〝自分を守ろうとするエゴ〟があるのは当たり前。

エゴとは、「安心して生きていきたい」と願う心が生み出すものなのです。

『あなたの隣人を、あなた自身のように愛しなさい』

イエス・キリストは、そう導きました。「自分よりも隣人を愛しなさい」と言ったのではありません。「自分が安心したい」と願うのと同じように「隣人にも安心してもらいたい」と願えば、自然に隣人を愛せると言ったのです。

「自分が一番大事」という気持ちを尊重しつつ、「自分が一番大事と思う心は、みんなも同じ」と解釈して、ほかの人を思いやりましょう。

負い目の下に隠れているのは
どんな思い？

「どんな人でもいつのまにか抱えている」と言われるのが〝負い目〟。カウンセリングをしていると、「全然孝行できていない親に」「疲れて帰ってくる夫に」「いっときの感情でのけ者にした友だちに」負い目を感じる……、という話がよく出てきます。そのせいで、へんに遠慮して心の距離を作ってしまっていることがとても多いんですね。

山本五十六《いそろく》は、**『人はだれでも負い目を持っている。それを克服しようとして進歩するのだ』**と諭しました。

負い目は、心をどんよりと重たくするだけのネガティブな感情です。だからいつまでも抱え込んではいけません。負い目という重石《おもし》の下には、「もっと相手にやさしくしたい。これまでの態度をあやまりたい。できるなら何かしてあげたい」という温かな気持ちが潜んでいるはずです。

その気持ちだけでも相手に伝えましょう。そうすれば、相手はきっとあなたを歓迎してくれて、確実に一歩、距離を縮めることができるから。

ずっと気にするくらいなら
あなたのやさしさをあげて

機嫌の悪い人がいると、その人のことが気になって心がザワついてしまうのは、感受性が強く、その分傷つきやすい人。他人の痛みを敏感に察して思いやることができる反面、その人が不機嫌なわけを「たぶん私のせいだ」と早合点して自分を責めてしまいがちです。

でも、そのザワザワする感情は、あなたが勝手に「そうに違いない」と思い込んでいるだけですよ。相手はあなたが何を感じているのかを知らないし、知ったとしても、それで態度が変わることはまずありません。

『人には優しく、自分にはきびしくよりも、人には優しく、自分にも優しくが大切です』と、永六輔さんは語っています。

人の気持ちを気にする前に、繊細なあなたの心を労わってあげて。

そして、もし目の前の人が不機嫌そうにしていたら、ザワつく心にいったんフタをして、あなたのやさしさを相手に渡しましょう。「大丈夫？　何があったの？」と声をかければ、きっとお互いの心が癒されていくから。

自分を隠そうとしなければ
人の心の美しさに気がつける

あなたのまわりに、秘密主義で自分のことをあまり話したがらない人はいませんか？　だれかがその人に「これだけは負けないという得意分野はなんですか？」と聞いても、「うーん、別に……」と言葉を濁して〝これ以上、聞かないでオーラ〟を放つようなら……。もしかすると、その人は自分の〝底の浅さ〟を知られたくなくて、バリアを張っているのかもしれません。

かつての私がそうでした。バリアを張った内側で、ひとり愛に飢えて、砂をかむような味気なさと心細さのなかにいたのです。

「そのせいで見えていないものがあるよ」と教えてくれたのは、ドイツの文豪、ゲーテでした。

『心が開いている時だけ、この世は美しい』

この一文に出会って、自分のあやまちにようやく気づいたのです。

心を開いて自分をさらけ出せば、だれもその人を疎んじたり軽んじたりはしない。そのときはじめて、人の心の美しさが見えるのだ――と。

ひとりひとりの違いを
〝遊び心〟で楽しもう

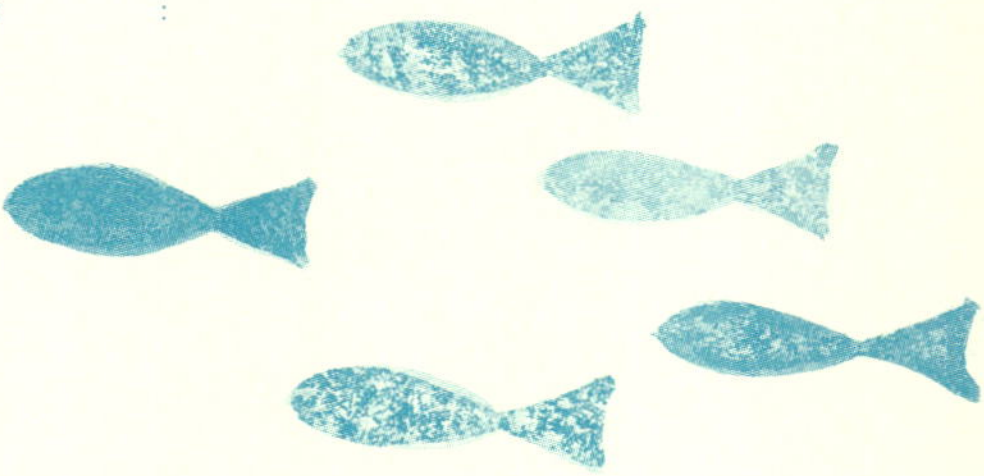

世の中にはいろいろな人がいて、人の数だけ異なる価値観があります。テレビドラマがおもしろいのは、登場人物の価値観がまちまちで予期しない展開になるからですよね。私たちはそれを観て楽しんでいます。

実は、現実の世界でも似たり寄ったりのことが起きているのですが、なぜか価値観の違いを〝遊び心〟で楽しむことができず、たびたび衝突して傷つきます。どうしてそうなってしまうのでしょうか……？

ドラマは登場人物の背景や心情がわかるので、個々の価値観を理解しやすいのですが、現実の世界は知らないことばかり。すると、相手を認める気持ちよりも不安のほうが勝って、警戒したり対抗したりしてしまうのです。

『みんなちがって、みんないい』と金子みすゞの詩の一節にあるように、たとえ相手のことを知らなくても、その存在をまるごと認められたらいいですね。

自分と違う価値観の人をおもしろがって受け入れることができたとき、私たちは人生をもっと楽しめるようになるのかもしれません。

出会う人はみんな
あなたに何かを教えてくれる

「あの人と出会わなければよかった」とつくづく考えてしまう人はいますか？

かつての私はしょっちゅうそんなことを思っていました。でも、人生経験を積むにつれて、「出会った人たちは、みんな自分に何かを教えてくれた」と深く感謝するようになったのです。


『とても無知で、私が何も学べないほどの人には会ったことがない』


これは、天文学の父、ガリレオ・ガリレイの言葉です。

あなたが出会った縁をなげいている人は、もしかすると、あなたに気づきや教えをもたらしてくれる〝反面教師〟かもしれません。

その人のなかに自分のイヤな面が重なって見えるような気がしたら、それを素直に認めて改めればいいですし、その人の態度や発言に心を傷つけられたなら、自分も言動に注意すればいいのです。

あらゆる縁は自分が何かを学び取るため――。そう考えると、どんな出会いも今よりずっと興味深くなりますよ。

「さようなら」を積み重ねて
あなたは、成長していく

人生の時間が流れていくなかで、私たちはさまざまな〝別れ〟を体験します。あなたはどんな別れを味わってきましたか？

愛する家族と別れて、身を切られるような悲しみに浸ったかもしれないし、恋人と別れて、心に深い傷を負ったかもしれません。

心に穴が空いたような喪失感を覚えるのは本当につらいことですが、そんな「さようなら」を積み重ねて、私たちは成長していくのです。

もしあなたが、出会った人とはいつか別れるときがくることを、普段はすっかり忘れているとしたら、ときどき『**会うは別れの始め**』ということわざを思い出してみませんか？

これは、「会えば必ず別れが訪れる」という〝無常〟を説いた言葉です。

今は当たり前のように一緒にいてくれる人たちに、「出会えてよかった」「愛してくれてありがとう」と伝えられるのは今のうち。一緒にいられる幸せを存分にかみしめられるのは、今だけなのです。

前向きになりたいとき

ときどき〝ふまじめ〟も
生きる知恵

「やる気を出そう！」と思ってやる気が出るなら苦労しません。なかなかやる気の出ない自分を責めてしまうのは、あなたがそれだけ〝まじめ〟な証拠です。でも、ちょっとだけ〝ふまじめ〟になりませんか？

そもそも気力がわかないのは、「やらなくちゃ」という考えに、「やりたくない」と感情が反発しているからです。そんなときはがんばらなくていいから、「どうしてやりたくないの？」と胸の奥に尋ねてみて。

もしかしたら、いくらやっても足りないと急《せ》かされて気力が底を突いてしまったのかも……。疲れが溜まっていて気力を絞り出せないのかも……。

それならば、やりたくない気持ちを優先して何もしなければいいのです。

『人間らしく生きるために、七分《しちぶ》はまじめ人間、三分《さんぶ》はふまじめ人間で生活するのが〝生きる知恵〟と言うべきであろう』と、遠藤周作は語りました。

やる気が出ない自分を許して、ゆる〜く生きることもときには必要ですよ。三分のふまじめさを尊重することは、人間らしく生きる知恵だからです。

よりよくなろうとして
せっぱつまってない？

「よりよくなりたい」という理想に燃えて、「そのためにこれを守る！」とマイルールを設けるのはいいことです。でも、そこで「絶対にルールを破ってはいけない」と思い込むと、逆に苦しくなってしまいます。

たとえば、いつもほがらかでありたいと思って「暗い顔はしない」と決めたとします。でも、そのせいでつらいときにも、親しい人にさえ落ち込んだ顔を見せられずに我慢していたら……、とてもほがらかではいられませんね。

『自由とは、よりよくなるためのチャンスのことだ』

そう主張したのはフランスの作家、カミュ。自分がよりよくなるためのチャンスとして設けるマイルールなのですから、あなたの自由を損なわない内容にしましょう。よって、「～しない」という否定形にするよりは、「～できたらプチご褒美《ほうび》」というポジティブ形にするほうがいいですよ。

決めごとは、それによって切ない思いをするのではなく、ワクワクしながら続けられる内容だからこそ、理想の自分に近づいていけるのです。

答えはいつも
シンプルな心のなかにある

本来、私たちがふと心に思うことはシンプルなもの。けれど瞬時に、「自分だけソンしない？」「どうすればトクする？」と考えはじめるせいで、妙に複雑になってしまうんですね。

たとえば、電車のなかでお年寄りを認めて「席を譲ろう」と思ったけれど、「みんなが知らんぷりしているから、やっぱりやめようかな」と迷う……。

後輩が恥をかかないように「注意してあげよう」と思ったけれど、「あえて嫌われ役を引き受けなくても、だれか言ってくれないかな」と躊躇《ちゅうちょ》する……。

そんな葛藤《かっとう》を日々くり返して、心はしだいに擦り切れていくのです。

相田みつをは、こんな言葉で私たちに注意を促しました。

『自分の心のどん底が納得しているかどうか　そこが大事』

これからは、損得やまわりの環境に流されず、最初にふと心に浮かんだことをもっと大切にしませんか？

それは、あなたの心の奥の奥からわき出した〝純粋な思い〟だから。

〝すべき〟を手放すと
〝したい〟ように生きられる

頭で「こうすべき」と考えることと、心が「こうしたい」と思うことが全然かみ合わないとき、どちらを優先しますか？

あなたがもっとイキイキ、もっと楽しく生きていきたいと望むなら、答えは「こうすべき」という思考のなかではなく、「こうしたい」という感覚のなかにあります。

その感覚をつかむのは、意外に簡単。自分がやろうと思いついたことを〝しているところ〟を想像してみて、心がスーッと軽くなったことはマル。逆に、重くなったことは、いざやってみたら「違った」と気がつくでしょう。

イギリスの小説家、サマセット・モームは、こんな言い方をしました。

『人生とはおもしろいものです。何かひとつを手放したら、それよりずっといいものがやってくるものです』

いつのまにか自分を拘束していた「すべき」を手放していくと、心が少しずつ解放されて、それまでよりずっといい生き方ができるようになりますよ。

すでにそうなっていることには
あらがわない

たとえば、電車が時間通りにこない、携帯がつながらない、値段のわりにランチがまずい、先輩がきちんと面倒を見てくれないなど、「それって当然でしょ」と自分が思っていることがそうならないとイライラします。

でも、これらのほとんどは、「対象が変わるべき」と思うより、自分が「心の持ち方を変える」ほうが、ずっと早く気がラクになるものです。

そう諭されてもすんなり切り換えられないときは、自分の〝常識〟にとらわれて、「だれかなんとかしてよ」と心のなかで駄々をこねているとき。

考えてみたら、駄々をこねても何も変わらないとわかっていながらイライラし続けるのは、時間とエネルギーの無駄遣いです。

『幸福論』を著したフランスの哲学者、アランは、『**いらいらするな。自分の人生のこの瞬間をだいなしにするな**』と警告しました。

瞬間、瞬間を少しでも快適に過ごすために、すでにそうなっている物事にはあらがわないのも賢い選択なのかもしれませんね。

〝取り越し苦労〟はやめて
〝かいのある心配〟をしよう

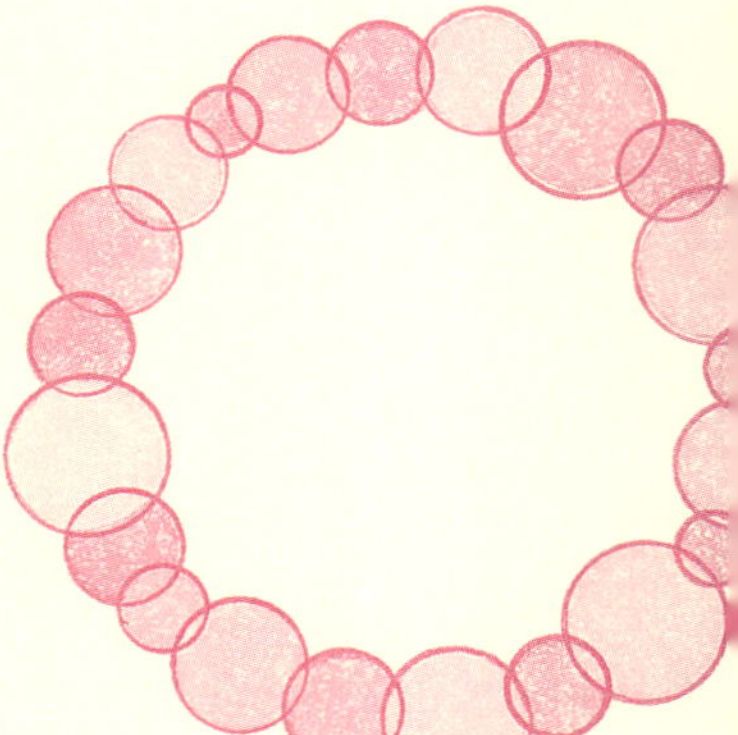

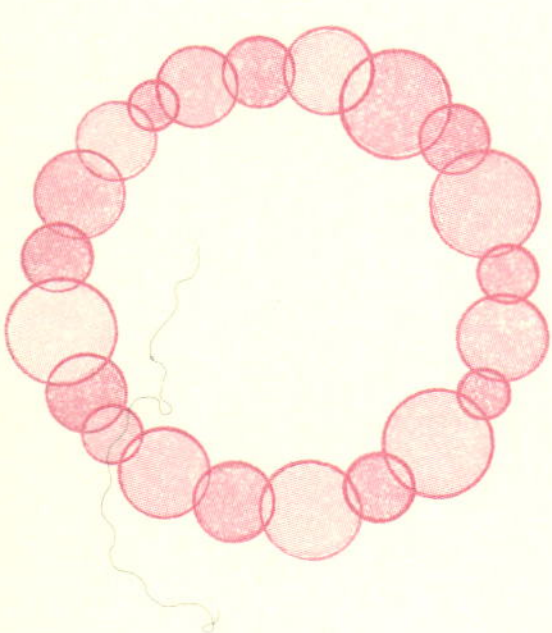

私は三十九歳のとき、離婚と病気が重なって職も失うという困難に見舞われ、自分はこれからどうなってしまうのかと心配で心配で夜も眠れませんでした。

そんなときに、武者小路実篤の言葉と出会ったのです。

『心配してもはじまらないことは心配しないほうが利口だ。心配すべきことを心配しないのはよくないが、それも大胆に、いじけずに心配すべきだ』

取り越し苦労はなんのかいもないからするな。でも、蓄えが底を突いたら自分が何をして身を立てるのかという心配は、人に左右されず大胆に、どうしてこんなことになったといじけずによく考えなさい、と諭された気がしました。

私たちの人生には、起きてほしくないこともたくさん起こります。そのときは涙がかれるほど泣いたとしても、気持ちの整理をつけたら、現実を受け入れてすっくと立ち上がりたいですよね。

先の心配は、しはじめたらキリがないけれど、「するべき心配を、するべきときにする」という覚悟だけ持っていれば、何も案ずることはありませんよ。

不安があるから
勇気が生まれる

不安は、まるで自動的に生産されるロボットのようです。果てしなく生まれてくるので、敵にまわすと心がボロボロになってしまいます。

それならいっそ、不安を味方につけて壁を乗り越える力にしましょう。どうしたらいいかと戸惑う背中を、岡本太郎がこんな言葉で押してくれています。

『いいかい、怖かったら怖いほど、逆にそこに飛び込むんだ。やってごらん』

どうしようと不安におびえる気持ちは、えいっ！　と覚悟を決めれば、「だったらこうする！」という前向きなエネルギーに変えることができます。

それが勇気。勇気は、不安だからこそ生み出せる力なのです。

怖いと思ったら、心のなかで「不安よ、勇気に変われ！」と叫ぶ。これを何回もくり返すうち、「不安で怖いと思ったときは、勇気の出番！」という回路が頭のなかにできあがります。

不安をバネにして勇気ある行動をし、また不安になったら「勇気に変われ！」と叫んでまた行動し、人生の壁を難なく乗り越えていきましょう。

今日の悲しみは
ハッピーエンドのためのスパイス

「人生は悲劇か？　喜劇か？」と問われたら、あなたはなんと答えますか？

「人生は悲しいことを避けて通れないから〝悲劇〟」と答えた人は、言葉にならない悲しみを背負って生きてきたのでしょう。

「人間はこっけいな生きものだから〝喜劇〟」と答えた人は、つらい出来事をも笑って跳ね返す力を身につけたのかもしれませんね。

喜劇王、チャップリンは、こんな言葉を残しています。

『人生は、クローズアップで見れば悲劇だが、ロングショットで見れば喜劇だ』

私はこの一文を読んで、「どんなに悲しい出来事も、一生というスパンで見れば、すべて次の喜びにつながっていく。だから、どんなときもなるべく笑って過ごそうよ」と励まされたように感じました。

私たち人間は、悲しみを乗り越えて次の喜びを手にするために、人生という舞台で必死にがんばって生きています。

その舞台を、喜び満載の〝喜劇〟にできるのは、自分自身なのです。

苦しさを我慢しても
人生修行にはならないよ

「苦しくてもじっと耐えれば、その先にきっといいことがある」

「自分にうんときびしくすれば、心が早く成長して幸せになれる」

そんなふうに考えてがんばり続けている人、いませんか？

それは人生修行というよりも、〝苦行〟です。

私は長年「苦行は必要」と考えていたのですが、それは誤解でした。

考えてみれば、心にむち打って心豊かになれるはずもないのに、まじめで一本気なタイプは、つい歯を食いしばって苦行に励んでしまうものなのです。

もしもあなたがそのひとりだったら、苦行はもう終わりにしましょう。

心にむち打てば、心は疲弊していくだけですよ。

自分にきびしく「こうでなくちゃいけない」と思うよりも、「よくやったね」とこれまでの努力を認めて容認するほうが、早く幸せにたどり着けます。

『**かたくなな心をほどいて、ほどいて、ほどけ切ると、仏（ほどけ）様のようなやさしい心になれる**』といいます。それを目指しましょう。

イキイキすることが
一番いい時間の使い方

「忙しいだけでスカスカな毎日。あーあ、もう何もかもめんどうくさい！」

そう感じているあなた、心が燃え尽きてしまう前に、忙しいばかりで少しも満たされていない今の生活をリセットしましょう。

今、一番めんどうくさいと思うことはなんですか？

もしそれが、広がり過ぎてしまった人づきあいだったら、一度リセットしてさっぱりしましょう。デキる女と思われたくてメイクも服装も万全にすることだったら、ちょっと手を抜いてせいせいしましょう。

あなたは、人づきあいを休んでも、デキる女と思われなくても、死にはしません。そんなことより、イキイキした心を死なせないことが重要なのです。

ドイツの哲学者、アルベルト・シュバイツァーは、『**人生の悲劇は、まだ生きているのに心が死んでいるということである**』と戒めました。

めんどうくさいことに時間を使って心を死なせてしまうよりは、自分が心底楽しめることに時間を使うほうが、ずっといいと思いませんか？

思考を変えれば
いつか運命も変わっていく

あなたが「こんな自分じゃダメだ」と悩むのは、「このまま終わりたくない。なんとかして自分自身を変えて、運命を変えたい！」と願うからですよね。

その方法を示す、こんな格言があります。

『思考に気をつけなさい、それはいつか言葉になるから。

言葉に気をつけなさい、それはいつか行動になるから。

行動に気をつけなさい、それはいつか習慣になるから。

習慣に気をつけなさい、それはいつか性格になるから。

性格に気をつけなさい、それはいつか運命になるから』

日ごろ、あなたが何気なく思ったり考えたりしていることを振り返ってみてください。その内容は明るいですか？　暗いですか？

もし暗いと感じたら、物事や自分のなかの〝明るい面〟に注目するように心がけましょう。そして、会話をするときも明るい言葉で表現するのです。

そうすれば、きっとすべてが自然に変わっていくから。

一番勇気をくれるのは
あなた自身の言葉だよ

物事がうまくいかなくて自信をなくしそうになると、「私ってダメだよね？ほんと実力がないよね？」とあえて否定的なことを言って、「だれかに打ち消してもらいたい！」という衝動に駆られることがありませんか？

気持ちとしては、だれかに「そんなことない」とはっきり言われて安心したい。「大丈夫、できるよ」と言われて勇気を奮い起こしたいのです。

でも、そんな温かい言葉を期待して何度もまわりに尋ねていたら、はじめは元気づけてくれた人たちも、じきにうんざりしてしまいます。

どんな言葉をかけてほしいかは自分が一番よくわかっているのだから、これからは人を当てにしないで、自分で浴びるほどかけましょう。

勇気がわき立つ言葉をメモしておいて読み上げることもお勧めです。そこにアメリカの思想家、エマーソンのこの言葉もぜひ加えてください。

『自分に何ができるかは、自分以外の者にはわからない。いや、自分でもやってみるまではわからないものだ』

はじめて恋したときのように
自分を愛してあげて

晩年、司馬遼太郎は、こんな気持ちを公言して人々をおどろかせました。

『**おれは、かつて、おれ自身に惚《ほ》れ込んだことがなかった。自分に惚れ込み、自分の才を信じて事を行えば、人の世に不運などはあるまい**』

自分に惚れ込むとは、「どんな自分も愛してやまない」ということです。

あなたはどのくらい自分に惚れ込んでいますか？

そんなに自分を好きになれないという人は、初恋をしたときの気持ちを思い出してみて。「あの人のためならなんでもする」と胸を震わせ、恋した人を信じてひたすら応援し、うれしそうに笑う顔を見たいと願った……。

それと同じことを、生涯つきあっていく自分にしてあげればいいのです。

自分が落ち込んでいたら、「そんなときもあるよ。私は、何があっても見捨てないから安心して」と励ましましょう。冴《さ》えない顔をしていたら、「パッとしないときでも、私は大好きだよ」とラブコールを送りましょう。

ひたむきに自分を愛すれば、〝幸運の女神〟が必ずほほえんでくれるから。

自分で自分を大切にしないと
だれも大切にしてくれないよ

まわりの人たちが自分を大切に扱ってくれないと感じるときは、自分で自分を〝ぞんざいに扱われる存在〟と認めてしまっているときなんですね。

それは、自分のことを少しも大切に思っていない証拠なのです。

私がまさにそんな状態だったとき、友人に相談すると、「自分がマズイと思っている食べものを『おいしいと思って食べて』って人に差し出す？　自分が大切にしていない自分を大切にしてほしいなんて、相手に失礼よ」と言われて、頭をハンマーでなぐられたようなショックを受けました。

その衝撃で目が覚めて、いつも自分を人と比べては卑下し、粗末に扱ってきたことを心から反省したのです。

アメリカの実業家、ビル・ゲイツは、『**自分のことは、この世のだれとも比べてはいけない。それは自分自身を侮辱する行為だ**』と力説しました。

この世にただひとりの自分を、あなた自身が尊重しましょう。自分を本当に慈しめば、まわりもきっとあなたを大切に扱ってくれるようになりますよ。

人が見ていないときに
あなたは 創られる

「だれも見ていないからいいや」

そう思って〝ポイ捨て〟をやったこと、ありませんか？

あるいは逆に、何かいいことをするのに、「だれも見てくれていないなら、やらなくてもいいや」と思う人もいるかもしれませんね。

どちらも、自分の評価は〝他人の目〟で決まると思っているわけです。

『人間は、自分がもっとも抵抗するものに、人生を左右する最大の力を与えてしまう』という心理学の言葉があります。

「だれも見ていないからいい」とか「だれも見てくれていないなら意味がない」と思う人は、だれかに見られているということに強い抵抗感を持っています。だからこそ、必要以上に他人の目が気になってしまい、他者からの評価を何よりも恐れて生きるようになるのです。

だれも見ていないときでも、自分の目は、自分の行動を見ています。

その目にかなう〝誇り高き自分〟を創《つく》っていきましょう。

幸せと不幸せは
同じ場所にある

私たちは何かを得れば、それと引き換えに必ず何かを失っています。

たとえば、仕事を得れば自由を失い、地位を得れば気楽さを失い、病《やまい》を得ればば健康を失い、幸せを得れば不幸を失う、というように。

裏返して言うと、何かを失ったときには、必ず何かを得ているのです。

フランスの作家、マルセル・プルーストは、『**本当の発見の旅とは、新しい風景を探すことではない。新たな視点を持つことなのだ**』と言いました。

もしあなたが、これだけは持ち続けたいと思っていたものを失ってしまったとしても、視点を変えて〝新しい目〟で現実を見れば、それと引き換えに得たものの価値を必ず発見できるのです。

事故で右足を失った人の「健康な体の一部を失ったことは、そこを補って余りあるやさしさを得ることだった」という声をインターネットで見かけました。きっと、新しい目で、絶望のなかから生きがいを見出したのでしょうね。

何かと引き換えに得たものには、かけがえのない幸せが隠れているのです。

苦しいときこそ
〝おごり〟を流すとき

人生には、幸福という「上り坂」と、不幸という「下り坂」があり、その途中に「まさか！」という坂があるといわれます。

まさかを転がり落ちて人生の崖《がけ》っぷちに立たされると、まずは怒りが込み上げてきます。「どうして私がこんな目に遭わなくちゃいけないの！」と思い切り文句を言いたくなるんですね。

ところが、にっちもさっちもいかなくて怒る気力さえも失うと、静かに自分を振り返るようになって、心に〝おごり〟があったと気づくのです。

『人生は学校である。そこでは幸福よりも、不幸のほうがよい教師である』ロシアの文学者、フリーチェの言葉通り、不幸というよい教師に出会って深く反省すると、ピタッと文句が出なくなります。

謙虚な気持ちが帰ってきて、そんな自分をいとおしく感じるでしょう。

そのとき、あんなに苦しかった「まさか」を転がり落ちた経験が、実は、おごりを洗い流す絶好の機会だったということが身に沁みてわかるのです。

今あるものを楽しむことが
〝愉快な人生〟の入り口

目の前ですごくおもしろいことがあると、「あれがない、これもない」と言っていた不満をすっかり忘れて、「ああ、楽しい！」と思いませんか？

私たちは、手にしていないものを探し求めるよりも、今あるもので満足するほうが、ずっと早く愉快な気分になれるのです。

『今は、ないものについて考えるときではない。今あるもので何ができるか、それを考えるときである』

そう忠告したのは、アメリカの作家、ヘミングウェイ。心は、過去の出来事や他人の幸運にとらわれると、たちまち不満でいっぱいになってしまいます。そんなときは彼の言葉を思い出して、「今このままの自分でも、楽しく過ごすことはできるはず」と気持ちを引き締めましょう。

自分を愉快にするために知恵を絞ることは、本来はおもしろいことなのです。些細なことでかまわないから、「ああ、楽しい！」と感じられることを一生懸命考えてみて。それをどんどん実行して、今このときを満喫しましょう。

当たり前のなかに
幸せはじっとある

私は二十代のころ、幸せとは「宝くじが当たる」「一番になる」「片思いが両思いになる」など、簡単には起こりそうにないことが起こることだと思っていたのです。だから、少しラッキーなことがあっても「この程度で満足するの?」ともっともっとと欲張って、幸せを手の届かないものにしていました。

そんな私に、特別なことが幸せじゃないと気づかせてくれたのは、〝真っ赤な夕日〟でした。何をやってもうまくいかず、虚しさを抱えて外に出たとき、雄大で、温かで、神聖な光をたたえた夕日が目に飛び込んできたのです。その力に一瞬で癒され、泣きながら「ありがとう、ありがとう」と言い続けました。

そのとき、心のなかで何かがはじけて、幸せとは、当たり前にあるものに「ありがたい!」と感動できることなんだと気づいたのです。

『小さな当たり前は大きな幸せだってこと、忘れちゃいけないよ』

これは、映画「アナと雪の女王」のなかに出てくる台詞。

あなたの幸せは、あなたの心のなかで見つけ出されるのを待っています。

〝幸福の基準〟を変えれば
今の十倍、幸せになれる

「突き抜けるような青空が広がった」「電車のなかで赤ちゃんが微笑みかけてくれた」……ただそれだけで〝満ち足りた気分〟になれる人がいます。

かたや、青空も赤ちゃんも目に留まらず、取るに足らないことは「どうでもいい」「くだらない」と一蹴《いっしゅう》して〝心貧しい気分〟でいる人がいます。

人生に心配事や不満は尽きませんが、そんななかでひとりひとりが、自分だけの〝幸福の基準〟を決めているのです。

思想家の中村天風は、**『誰がなんといおうが、本人が「有り難い、幸福だ」と思っていたら、不幸はありえない。だから幸福は、心が生み出すきわめて主観的なものなのだ』**と述べています。

その教えにしたがって、私たちもこんなふうに考えてみませんか？

「心配事や不満は、成長するための糧。命があって成長できることは、実にありがたく、幸福なことだ」と。幸福の基準を変えれば、もう不幸になりようがないし、小さな幸せを取りこぼすこともなくなるから。

「感謝しかない」と気づいたときが
至上の喜びに出会うとき

私たちは自分の欲望が満たされたときの快感を知っているから、山のようにいろいろなことを期待します。けれど、そんな期待をいっさいかなぐり捨てたときに得られる〝至上の喜び〟というものがあるのです。

学生時代から難病を患い、死と隣り合わせで研究を続ける天才物理学者、イギリスのホーキング博士は、『**期待する値がゼロまで下がれば、自分に今あるものすべてに、間違いなく感謝の気持ちがわく**』と語りました。

絶望の淵《ふち》で根こそぎ希望を奪われたとき、「でもまだ命がある」「やりたいこともある」と、自分に残されたすべてに感謝の気持ちがわいたのでしょう。

期待という欲望で心がいっぱいだと、かえって苦しいものです。だって、何もかも思い通りになるわけがないのですから。

そんな期待をごっそり捨てると、今ここにある喜びを感得できます。

人のやさしさ、温《ぬく》もり、自分の身にあるもの、自然界にあるもの……、それらすべてを〝神の恩寵《おんちょう》〟として感謝しないではいられなくなるのです。

どんな人生も
自分しだいでおもしろくなる

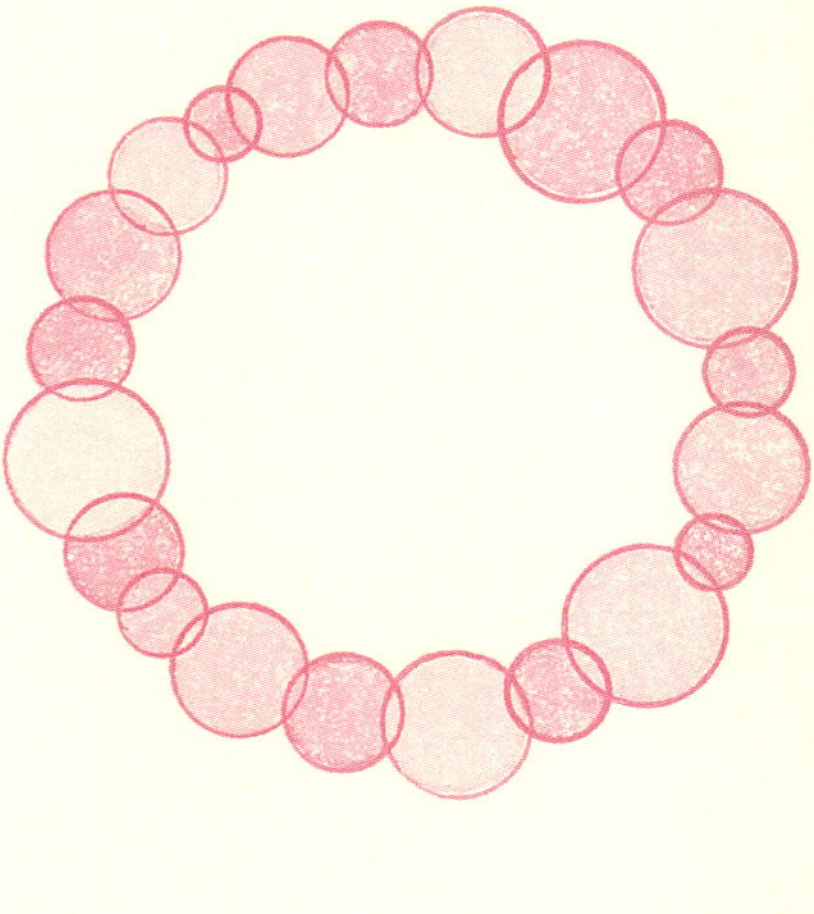

『あたしは、あたしの人生を作り上げた。なぜなら、あたしの人生が気に入らなかったからだ』これは、十八歳までを児童養護施設で過ごし、その後はお針子をしながらキャバレーで歌っていたという、フランスの世界的ファッションデザイナー、ココ・シャネルの言葉です。

「どんなにつまらない人生でも、それをおもしろく創りかえるのは自分よ」という熱いメッセージが伝わってくるようですね。

私たちは、不運をはね飛ばして恵まれない環境を乗り越えようとするとき、底力を発揮します。たとえ、あなたが今は恵まれない状況に置かれていても、「このままで終わるもんか！」という熱い思いがあれば、それが意志に変わり、行動に変わって、やがてビッグな幸運を引き寄せるのです。

すると、それまでずっと感じていた〝苦労〟が、まるでオセロゲームのラストシーンのように一気に〝自信〟に反転して、それからの人生を支えてくれる貴重な財産になるでしょう。

気負わずに生きよう
花のようにあるがままに

私は「自然体で生きる」ことにあこがれていました。〝自然体〟を学ぶためにしゃかりきになって仏教書を読み、ムキになって坐禅《ざぜん》を組み、でも結果は、ますます肩に力が入って降参するしかなくなってしまったのです。

そのときは精も根も尽き果て、「もう無理です。あとは天にお任せします」という心境でした。ところが、降参して「自然体になるために自分はこうあらねばならない」という〝我〟を置いたら、ものすごく気がラクになったのです。

ちょうどそのころ、**『完璧になろうとしゃかりきになればなるほど、完璧から遠ざかってしまう』**という、インド哲学の権威、ハリダス・チャウドリーの言葉に出会い、「まるで私のことみたい……」と苦笑してしまいました。

その後、田舎に移り住んで花を育てるようになり、自然体とは、まさに「花のように生きる」ことだとしみじみ感じました。

花は、その花であることのすべてを受け入れてあるがままに咲きます。それがどんな姿でも、そのあり方こそが完璧なのだと花から教わったのです。

理想の自分になりたいとき

「不甲斐ない」と思うのは
あなたがもっとよくなれるから

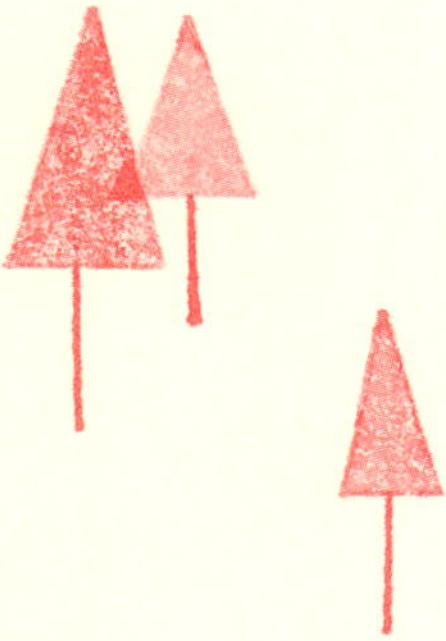

あなたは自分のことを「なんて不甲斐ない」と感じて落ち込むことがありますか？　不甲斐ない自分を受け入れることは、なぜこんなにもむずかしいのか……と私も悩み続けましたが、あるとき、ついに答えを見つけました。

「不甲斐ないってことは、甲斐性のある人間になるための〝伸びしろ〟が、まだあるってことだ！」とひらめいたのです。それからは自分を攻撃せず、むしろ応援しようと考えるようになりました。

それ以降、私が自分に言い続けてきた三つの言葉をあなたに贈ります。

「不甲斐なくてもＯＫ。伸びしろのある自分だからＯＫ、ＯＫ！」

「生きている限り成長するんだから、あわてない、あわてない」

「自分のよさを伸ばすことは、いっちばんやりがいのあること」

『**成長しようとしている人だけが壁を感じる**』と、経営コンサルタントの福島正伸さんが言うように、向上心があればこそ、自らを不甲斐なく感じるのです。

そんなあなたは必ず伸びていくから、本当に大丈夫ですよ。

「今は知らない」が多いほど
「今から知る」楽しみも多い

情報をかき集めて、なんでもわかっているつもりでいると、「ほんとは全然わかっていない」という現実をどこかで突きつけられることになります。

だれもが、未経験の人生を〝手探り〟で生きているのです。

「今知らないことが多いのは、これから知る楽しみが残っているということ」と開き直って生きるほうが、見栄《みえ》を張って〝知ったかぶり〟をして生きるよりストレスを感じなくていいですよ。

私の友人にそんなマイペースの人がいて、だれにでも平気で「それ知らない、教えて」と言い、相手が「エーッ」とあきれてもまるで意に介しません。

そのようすは見ていても気持ちがいいほどさわやかで、好感が持てるのです。

『正直は最良の策』ということわざがあるように、知らないことを隠したり、恥じたり、劣等感を抱《いだ》く必要はまったくありません。

正直に「知らない」と言えるのは、人にどう思われるかよりも、素《す》の自分を大事にしている証拠。だからあなたも〝知らないこと〟におびえないで。

やさしい言葉とまなざしが
あなたを美しくする

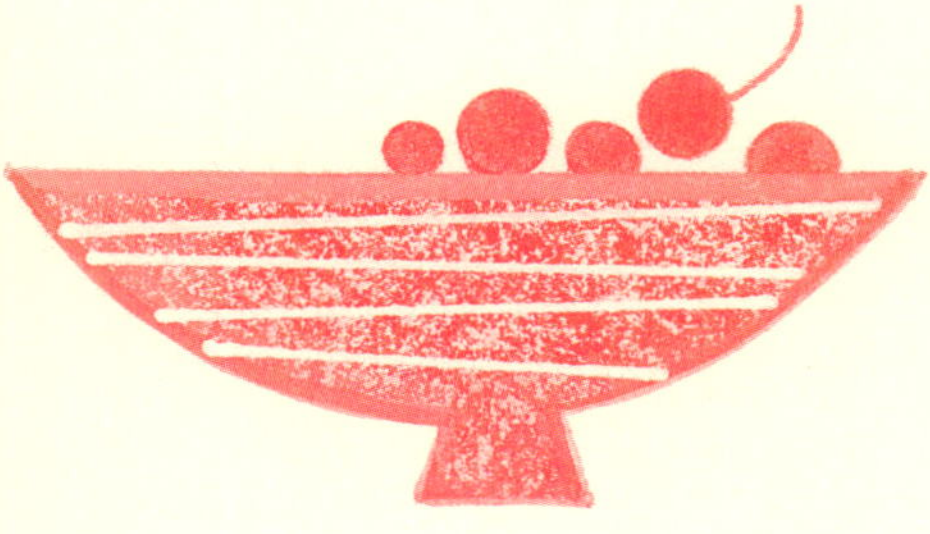

自分を美しく見せるためにどんなことをしていますか？

「見せる」とは「魅《み》せる」こと。ファッションやメイクの研究を怠らない、エステやネイルサロンにまめに通う、英会話などの習い事に精を出す、といったことのほかに、欠かせないことがもうひとつあります。

それは〝温かい心〟を養うこと。

世界中の女性があこがれた女優、オードリー・ヘップバーンは、**『魅力的な唇のためには、やさしい言葉を口にしなさい。愛らしい瞳を持ちたいなら、他人の良いところを探しなさい』**という詩を好んでいたと言われています。年齢を重ねてもなお美しかった彼女の魅力は、そんな意識からにじみ出ていたのです。

流行の口紅を塗った唇から〝皮肉〟が飛び出したら、幻滅してしまいます。やさしい言葉がこぼれる唇が魅力的、というのはうなずけますよね。さらに、相手のすばらしさを見つけてさりげなくほめられたら、本当に素敵！

そんな心温かな女性こそが、ひときわ美しく輝いて見えるのです。

もっとはじけて いいんだよ

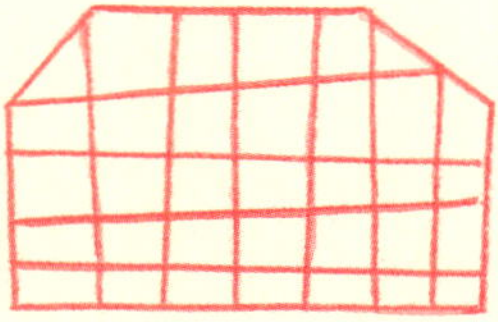

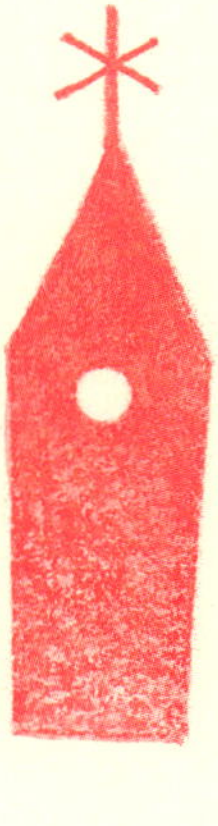

自分をいつも端のほうに追いやっているのはなぜですか？

だれに遠慮して心にブレーキをかけているのですか？

あなたの人生の主役は、あなたですよ。

どんなに頼りなく感じられても、どんなに目立たない存在でも、あなたは自分の人生では脇役になりようがないのです。

だから、もっと好きにはじけましょう。

『自分が自分のために人生を生きていないのであれば、いったい、だれが自分のために生きてくれるのだろうか』というユダヤ教の教えがあります。

それぞれの人生は、その人がスポットライトを浴びるためにあるのです。

「思い切ってやってよかった！」「この自分でよかった！」と歓喜にむせぶことが、主役であるあなたの仕事。それを見て心を動かされた人たちが、「私も自分の人生を堂々と生きよう！」と思ってくれたらなんて素敵でしょう。

一度きりの人生を思うままに生きることが、輝かしい主役の生き方なのです。

代わり映えのない時間を
喜びを引き寄せる時間に！

サーフィンが好きな人は、「いい波を待ってるときも楽しいよ」と言います。最高の波をイメージしながら、「今にくる、今にくる」と胸を高鳴らせているのでしょう。

釣り好きの人は、「糸を垂らして待つ時間がいいんだな」と言います。魚の居場所を探りながら、「今にくる、今にくる」と静かなバトルを楽しんでいるように見えます。

そうやって待つことを楽しめる人たちは〝生き方上手〟だなと思うのです。

日常生活では、平坦《へいたん》で何も変化がないと感じるときがありますよね。でも、それはつまらない時間ではなく、〝まだ知らない喜びにあふれた未来〟を引き寄せている時間なのです。

『**未来とは、予知しようとするものではなく、自分で可能にするもの**』とフランスの作家、サン＝テグジュペリが語ったように、未来に対してあなたが胸を躍らせていれば、喜びに満ちた毎日が続いていくでしょう。

グチの裏側にある
希望だけを口にしよう

あなたに質問です。仲のいい友人と雑談しているところを思い出してみてください。過去のグチと先の楽しみと、どちらの話で盛り上がりましたか?

会えばいつもグチばかりというのでは、まるで不幸の比べっこ。

『幸せになりたいならば、「あのときああしていれば」と言う代わりに、「この次はこうしよう」と言うことだ』

そう勧めるのは、アメリカの精神科医、スマイリー・ブラントン。あなたの心はグチを聞かされると、またたくまにしぼんでいってしまうけれど、希望にあふれた話を聞かされると、がぜん勢いづくのです。

不満と希望は、つねに対《つい》になっています。今あるあなたの不満を裏返せば、「次はこうしたい!」「私はこうなりたい!」という希望が必ず見つかるはずです。それを進んで人に話すようにしてみましょう。

そうすれば、自然に不満のハケ口を求めている人たちは離れていって、楽しい計画には事欠かないという人たちが集まってきますよ。

口グセは
「もう最高に幸せ!」

あなたは「幸せになりたい！」と、どのくらい強く思っていますか？

実はここに、知らずにはまってしまう〝思考の罠《わな》〟があるのです。

私たちは「まだ幸せじゃない」から「幸せになりたい！」と願うのですが、そう強く願えば願うほど、主《あるじ》の思考にものすごく忠実なあなたの脳は、「幸せになりたいと主が願い続けられるように、〝まだ幸せじゃない状態〟を作り続けることこそが任務」と受け取ってしまうんですね。

そうとわかれば、別の指令を速やかに脳に送る必要があります。

スペインの画家、ピカソは断言します。『**できると思えばできる、できないと思えばできない。これは、ゆるぎない絶対的な法則である**』と。

思考の罠から必ず脱出できると信じて、脳への指令を「幸せになりたい」から「もう最高に幸せ！」に切り換えましょう。

すると、あなたの脳は新たな発想を生み、今までとは違う行動を促してきます。そして、「最高に幸せ！」と感じる体験ができるようになるのです。

目の前のことに必死になれば
やりたいことは見えてくる

「自分のやりたいことがわからないんです」と相談されると、私はよく「今あなたがしていることを、これ以上できないと思うくらい一生懸命、三ヶ月間やってみてください」と提案します。

そうして三ヶ月後、もしかするとそこに新たなやりがいを見つけるかもしれないし、「これだけはもうやりたくない」と思い至るかもしれません。

やりたいことがわからない人は、ひとつのことに全力を尽くす前に、まわりの言動に左右されて、自分の道を見失っていることがよくあるのです。

音楽家として生き切ったジョン・レノンは、こんな言葉を残しています。

『人の言うことは気にするな。「こうすればああ言われる」、こんなくだらない感情のせいで、どれだけの人がやりたいこともできずに死んでいくのだろう』

目の前のことに全力でぶつかって「これだけはもうやりたくない」とまで思ったときは、逆に、自分が本当にやりたいことが見えてくるものなのです。

そうしたら、今度こそ脇目も振らず、その道を突き進みましょう。

できると信じた人に
道は開かれる

これは昔々、実際にあった話です。

二人の営業マンが「先住民に靴を売る」という指令を受けて、アフリカの地に降り立ちました。そこで目にした光景は〝みんな裸足《はだし》〟。

二人はさっそく上司に報告しました。

「無理です。ここでは靴を履く習慣がありません。商売は絶望的です！」

「売れます。まだだれも靴のよさを知りません。今がチャンスです！」

売れると言った営業マンは担当を任されて、大成功を収めました。

私はこの話を聞いて**『蒔《ま》かぬ種は生えぬ』**ということわざを思い出し、勝手な先入観で未来の扉を閉ざしてはいけないと大いに反省したものです。

あなたがまだ経験していないことに臨むとき、「無理」と決めつければ、そこで可能性は途絶えてしまいます。

最初に、〝できない理由〟ではなく〝できる理由〟を探しましょう。できると信じれば、発想の転換が起こり、必ずいいアイデアが浮かびますよ。

物事はすべて、なるようになる

一休和尚《おしょう》は亡くなる前、弟子たちに一通の手紙をしたため、「本当に困ったときにこれを開けなさい」と言い残しました。

何年か経ってお寺が危機にひんしたとき、手紙の封を切ると書かれていたのはたった一行、『**なるようになる、心配するな**』。弟子たちは唖然《あぜん》としたあと、顔を見合わせて大笑いし、肩の力が抜けて難局を切り抜けたそうです。

私はまさに自身の土壇場でこの逸話を知って、魂が震えました。

「こだわらず、とらわれず、自分があるようにあれば、物事はなるようになる。それでいい」……そんな温かいメッセージに触れた気がしたのです。

「人は執着するから苦しむ。執着から離れよ」というのが仏教の教えです。弟子たちは和尚の遺言で、仏教の真髄に立ち返ることができたのでしょう。

もしもあなたが、思い通りにならない物事に頭を悩ませているとしたら、そのことに対する執着を手放して、ありのままの現実をただ受け入れたとき、それは「なるようになる」のかもしれませんね。

たとえ転んでも
立ち上がる姿をだれかが見ている

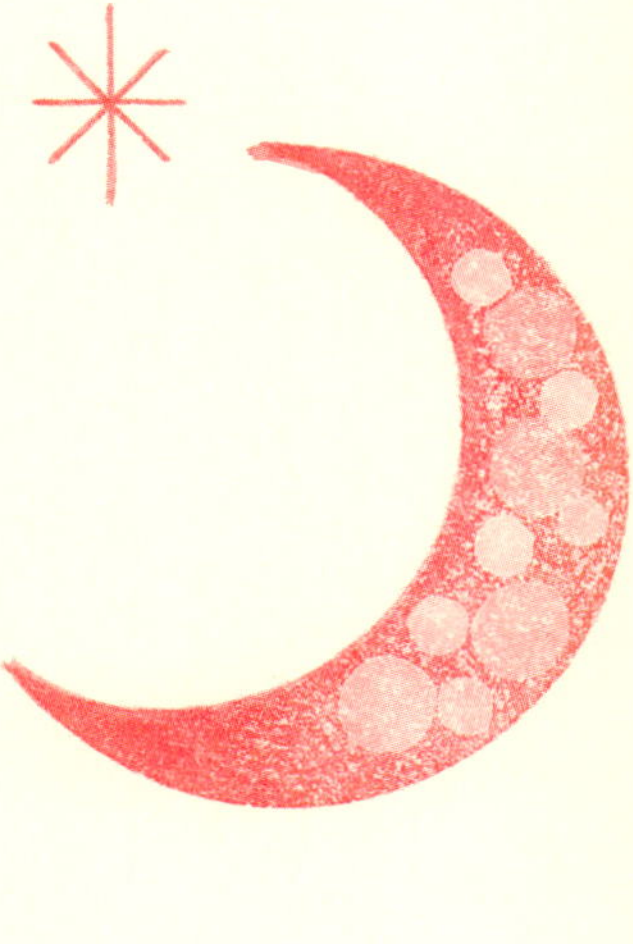

私たちは「人生で転びたくない。すんなりと成功したい」と願いつつ、「そう簡単にはいかないだろう」ということも知っています。

なぜなら、物心ついたときから「失敗して覚える」ことを散々くり返して、「次は転ばないようにうまくやろう」と思ってやってきたからです。

でも、もう「転びたくない」とおびえて生きるのはやめませんか？

アメリカ大統領になる前、数多くの失敗や落選をくり返したリンカーンは、**『あなたが転んでしまったことに関心はない。そこから立ち上がることに関心があるのだ』**と言って人々を励ましました。

発想を、「転びたくない」から「転んでもいい」「いや、転んで立ち上がるほうがもっといい」に変えましょう。

人は、ただの成功談より、失敗や挫折を乗り越えてつかんだ成功談に胸を打たれるもの。あなたが歯を食いしばって立ち上がる姿は、きっとだれかが見ていて、絶妙のタイミングで手を差し伸べてくれますよ。

イヤなことも味わってこそ
人生に〝うま味〟が出る

私たちの一生は、うれしいことや楽しいことばかりではないけれど、悲しみや苦しみを乗り越えてはじめて、「人生はなんて味わい深いんだ……」と感動することができます。

喜怒哀楽の感情は、いわば〝人生の味わい〟。それらをしっかりかみしめたのちにわき上がる思いこそが〝人生のうま味〟なのです。うま味を引き出す秘訣は、イヤなことがあっても悲観せず、目を皿のようにして、その陰に隠れたいいことを探すこと。

アイルランドの詩人、オスカー・ワイルドは、人生を〝ドーナツののった皿〟にたとえ、『**楽観主義者はドーナツを見て、悲観主義者はドーナツの穴を見る**』と表現しました。

ドーナツの穴は、つらい体験をして失ったもの。つまり心にポッカリ空いた穴です。彼は、「穴があるとなげいて過ごすより、穴があるからこそドーナツはおいしいのだと思って、味わって食べるほうがいい」と伝えたのです。

言い訳をやめると
人生が動き出す

人生をもっと充実させたいと思ったら、本当にやりたいことをやるしかありません。もし、あなたが本当にやりたいことをまだやれていないとしたら、心のどこかに〝できない言い訳〟が刷り込まれているのかもしれませんね。

だったらこの手順で、本当にやりたいことを実現させましょう。

最初に、「でも○○がない」という言い訳を、完全に封印する。

次に、本当にやりたいことを書き出して、優先順位をつける。

最後に、いつはじめるかを計画して、カレンダーに書き込む。

ここまでできたら、あと必要なものは、多少の危険を冒してもかまわないという勇気だけですよ。

イギリスの神学者、トーマス・フラーは、『**危険がすっかりなくなるまで船出しようとしないなら、永遠に海に出られないだろう**』と警告しました。

人生は、大海のごとく未知の世界。だからこそ、勇気を奮って船出し、意気揚々と大海原をまい進することで、充実した人生航路になるのです。

夢見る力が
未来を創る

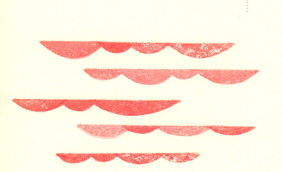

「もし夢を売っていたら、あなたはどんな夢を買いますか？」と尋ねたのは、イギリスの詩人、トーマス・ベドス。華やかに人生を彩る夢や、心を支えてくれる夢が買えるとしたら、あなたはどんな夢を買いたいですか？

そう聞かれてくっきりと脳裏に浮かんだことは、実現されるのを待っている〝あなたの未来〟かもしれません。なぜなら、まったく可能性のない事柄は夢として思い描かないというから。

人生は、夢見ることの積み重ねです。「次の休みはあそこへ行ってみよう」といった些細なことも、あなたはまず〝小さな夢〟として脳裏に思い描き、それを日々、叶《かな》えているんですよ。

『夢、これ以外に将来を作り出すものはない』と、フランスの詩人、ヴィクトル・ユーゴーが明言した通り、夢を持つことはあこがれの未来への第一歩なのです。だから、あなたの夢をあきらめないで。夢見ることを忘れないで。

両手に抱えきれない夢と一緒に、ワクワクして生きていきましょう。

人はどんなことも
希望に変えられる

「ねぇ、おばあちゃんは死んだらどこへいくの？」

まだ幼い男の子の胸を、おばあちゃんが指先でトントンとつつきました。

「ここだよ」

「じゃ、おねえちゃんのとこへはいかないの？」

「いくよ。死んだら〝分身の術〟を使えるようになるからね」

私は電車でたまたま隣り合わせただけでしたが、パッと目を見開いてうれしそうに微笑んだそのときの男の子の顔が、今も胸に焼きついています。

ダライ・ラマ十四世は、『**心の持ち方を変えれば苦しみを減らすことができる。これは人間に与えられた優れた能力だ**』と教えています。

何をどのようにとらえるかで、人の心に影を落とすことも、逆に希望の光を灯すこともできる。人を勇気づけることも、自分自身を救うこともできるのだと、あの日、見知らぬふたりから学びました。

希望の光は、いついかなるときも、あなたしだいで灯せるのです。

充実した人生にしたいとき♡

あなたのひと言が
まわりを幸せにしている

「人には何も求めず、自分から人に与えて最高の喜びを得ましょう」と言われたら、「何も求めず与えるだけなんて、できない」と思いますか？

いいえ、あなたはすでにまわりの人にいろいろなものを与えていますよ。

たとえば、家族に「おはよう」と元気に挨拶する。同僚に「大丈夫？」と声をかける。友だちに「髪切った？」と気づいてあげる。気落ちしている後輩には「ご飯食べに行く？」と誘ってあげる……などなど。

「なんだ、そんなこと？」と思いますか？　〝与える〟のは、目に見えるものではなく、サラリとした心遣いでいいのです。今度からそれらの言葉を口にするとき、相手の幸せを心のなかでそっと願ってみましょう。

人には何も求めず、ただ相手の幸せを願うことは、願ったあなた自身が愛に包まれて〝極上の喜び〟を感じられることなのです。

それを実践したウォルト・ディズニーは言いました。『**与えることは最高の喜びだ。他人に喜びを運ぶ人は、自分自身の喜びと満足を得る**』と。

〝いい刺激〟をたっぷり受けて
自分を創ろう

『人生とは、自分を見つけることではない。人生とは自分を創ることである』

こんな名言を残したのは、アイルランドの劇作家、バーナード・ショー。

私たちの体は食事によって、心は刺激によって創られていきます。だから、体に栄養価の高い食べものを与えるように、心に〝いい刺激〟をふんだんに与えることは、ものすごく大切なのです。

とは言っても、いい刺激は雨のように自然に降ってくるわけではありません。自分から求めてこそ得られるもの。

ひとりが一生のあいだに直に出会える人の数は知れていますが、本や映画などを通せば、刺激的な人物や、感動的な言葉に数限りなく出会えます。愛にあふれた本を読めば、傷ついた心が癒され、勇者の映画を観れば、折れそうな心に闘志がわき立つかもしれません。

ちょっと意識して、自分の心が洗われるような作品を選《え》りすぐりましょう。そうして得られた〝刺激〟が、あなた自身を豊かにしてくれるのです。

今日も心の振り子を
揺らしていこう!

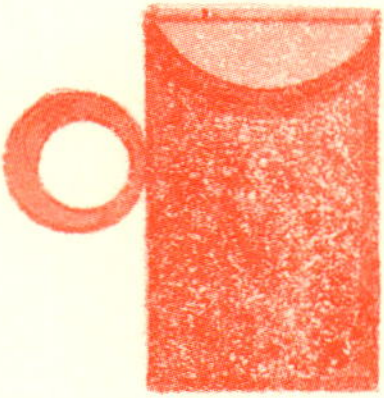

わずか一歳で光と音を失い、七歳まで言葉というものの存在すら知らなかったヘレン・ケラーは、苦しみを克服してこんな言葉を残しました。

『もし、世界に喜びしかなかったら、勇敢になるとか、忍耐強くなるといったことは、決して学べなかったでしょう』。彼女がどれほど深い苦悩と絶望を経て、大きな喜びにたどり着いたのかがうかがわれるひと言ですね。

私たちの心は〝振り子〟のような仕組みになっています。片側は喜びサイド、もう片側は苦悩サイド。はじめに小さな苦しみを知ると、その分だけ振り子が反対側に振れて、小さな喜びを味わいます。人生にもまれて振り幅が大きくなればなるほど、感じる苦しみも、また喜びも大きくなっていくのです。

一番つまらないのは、感情を押し殺して振り子が揺れないようにすること。それだと、人間に生まれてきた意味がなくなってしまいます。

悔しいとき、悲しいとき、苦しみから逃げないで。その体験は、大きく揺れた振り子が、まだ知らない大きな喜びに振れるためのものなのですから。

不運な出来事が
幸運を連れてくる

小説を読むとき、まっ先に最後のページを読む人はあまりいませんよね。

人生も同じで、この先にどんな運・不運が待ちかまえているのかを知らないから、期待に胸をふくらませて歩めるのかもしれません。

『**人は、幸運のときは偉大に見えるかもしれないが、真に向上するのは不運のときである**』と、ドイツの思想家、シラーは語りました。

次の高みに向かうためには、不運のときにしか気づけない貴重な体験がどうしても必要だから、人生には幸運と不運が交互にやってくるのでしょう。

不運に見舞われるごとにグングン成長して、「お陰でここまでたどり着けた。ありがたいことだ」と思えるようになり、忘れたころにやってくる不運な出来事を感謝の心で受け止められるようになったら、もう怖いものなしです。

それが、本当に偉大な人！

不運な出来事に感謝するのはまだちょっと無理だと思ったら、自分にはそれを乗り越える力があることに感謝しましょう。

人生の目的は
たくさんの感情を味わうこと

社会に出ると、まずは仕事で認められ、結婚して家庭を持つことがゴールのように感じられるかもしれませんが、それはほんのスタートライン。

そこから、人生の試練をくぐり抜ける苦闘の体験がはじまるのです。

ドイツの詩人、レッシングは、『**自分の経験は、どれほど小さくても、百万の他人がした経験よりも価値ある財産である**』と力説しました。

私は三十九歳で試練に遭い、それまで築いてきたものをすべて失ったとき、「社会的な成功は、人生の真の目的ではない」と言われたことがあります。人生には、栄光や挫折、喜びや悲しみなど、いいも悪いも両方の出来事と感情がついて回るけれど、それらすべてを体験することにこそ意味があるのだと。

あれから二十年、その人の言葉が身に沁みてわかるようになりました。

私たちには、あらゆる感情を知らなければ叶えられない〝人生の目的〟があるのです。それは、ほかの人の気持ちを思いやれるようになること。そして、愛にあふれた本来の自分に返ることなのです。

人生はいつだって
本番進行中

思春期のころ、私は「早く大人になりたい」とそればかり考えていました。

今思えば、あの時期にしか味わえなかった青臭い体験をもっと楽しめばよかったと、ちょっと悔しい気持ちです。

どんな時期も、人生においては等しくかけがえのない時間なのに、そのことを当時は理解できず、「大人になったら〝本当の人生〟がはじまる。今はそれまでの〝つなぎ〟のとき」と思っていたんですね。

人生に、つなぎやリハーサルは一瞬だってありません。

たとえば、浪人期間は大学に入るまでのつなぎではないし、恋愛期間も結婚生活のリハーサルではないでしょう?

いつでも今が〝本番〟、今日が〝本当の人生〟です。

アメリカの実業家、カーネギーは、『**人生とは今日一日のことである**』と言明しましたが、まさに、今日一日を大事にすることが、人生を大事に生きることと。今日、嬉々として土を耕す人が、人生に喜びの花を咲かせる人なのです。

過去も未来も考えず
今だけに生きよう

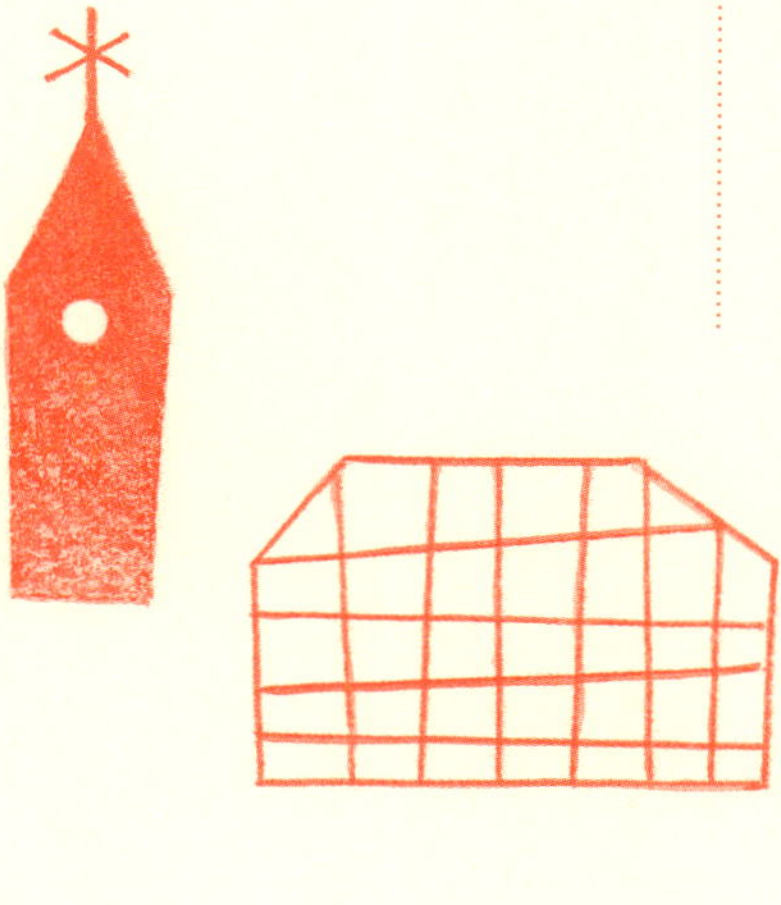

「今が大切！」といいますが、それは「今だけよければいい」ということではありません。「今がこの先のすべてを創り出すから大切」なのです。

過去は記憶のなかの世界。過去からはしっかり学びましょう。でも、いつまでも悔やんでいたら、前に進めなくなってしまいます。

未来は今の延長線上にある世界。未知の未来に不安があるのではなく、今ある不安を持ち越してしまうから、前に進むのを躊躇してしまうんですね。

こうしたとらわれを断ち切るには、〝この瞬間〟に心を置くのがベストです。

あなたは、トーマス・エジソンのこの言葉をどう受け止めますか？

『若い人に覚えておいてもらいたいのは「決して時計を見るな」ということだ』

時計を見るのは〝この瞬間〟から心が離れたとき。我を忘れてこの瞬間にいたら、過去の後悔や未来の不安という不純物が心に入り込む隙《すき》はありません。

今に集中していれば、最高の力を発揮でき、充実したときを送れます。だからエジソンは、若者に「時計を見るな」と呼びかけたのです。

あなたが変えられるのは
あなた自身と未来だけ

過ぎたことに「ああだったら」「こうであれば」とこだわり続けるのは愚かなこと、とわかっていながらこだわってしまうのが人間なのかもしれません。けれど、もう変えられない過去はいったん脇に置いて、「今から変えられる」ことに目を向けましょう。

幼いときに左手を大火傷《おおやけど》して農家を継げなくなり、勉学に勤《いそ》しんで医学者になった野口英世は、こんな言葉を残しています。

『過去を変えることはできないし、変えようとも思わない。なぜなら人生で変えることができるのは、自分と未来だけだからだ』

「～たら」「～れば」と不満を言い続けているときは、「自分は将来こうなる！」という確固たる〝意志〟を掲げることから逃げているとき。自分と未来を変えるために、あなたができることはまだいろいろあるはずです。

「こうなる！」という意志を掲げれば、きっと行動せずにはいられなくなりますよ。過去を責めないで、人生を攻めて生きていきましょう。

責任をとる覚悟をして
〝自由〟に生きよう

人生は迷いながら進む道。ケーキを買うかやめるかという小さなことから、将来の進路をどうするかという大きなことまで、決断の連続です。

どんな決断をするときも、後悔しない自信があればいいのですが、恐る恐る決める場合もあるでしょう。また、親に命令されたり友人のアドバイスで決めたことが、不本意な結果となってしまうこともあるかもしれません。

けれど、どんなときでも、「この道を進む」と最後に決めたのは自分。それがそのときの精一杯の選択だったはずです。それを自分以外のだれかのせいにすると、その時点で〝自由〟を放棄することになってしまいます。

教育者でもあったバーナード・ショーは、『**自由とは責任を意味する。だから、たいていの人は自由を恐れるのだ**』と言って、大勢の人が自由に生きられないのは、自分で決めたことの責任を負おうとしないからだと警告しました。

「自分の人生は自分の責任で生きる！」という覚悟を決めれば、だれにも縛られない自由を謳歌《おうか》して、後悔しない人生を生き切ることができるのです。

失敗を怖がらないで
〝やらない〟よりずっと楽しいから

偉業を成し遂げたスティーブ・ジョブズは、後年、「私は三十三年間、毎朝欠かさず、鏡に映った自分にこんなふうに問いかけた」と告白しました。

『もし今日が最後の日だとしたら、今日やろうとしていることをするだろうか』

私はこの記事を読み、彼の〝やりたいことを妥協しない精神〟と〝今日を生き切るすさまじい覚悟〟に圧倒されて、思わずタメ息をもらしました。それは三十三年ものあいだ、チャレンジや失敗を毎日楽しんで〝生きる醍醐味《だいごみ》〟をたっぷり味わったよ、という告白にほかならないと思ったから。

あなたには、「いつかやろう」「いつかやれたらいいな」と思っている〝やりたいこと〟がありますか？　失敗するのが怖くて、やろうかやめようかと迷っている〝やりたいこと〟がありますか？

それがいよいよできない事態になってから、「あのときにやっておけばよかった」と悔やむとしたら、なんともったいないことでしょう。

今やりたいことを、今やってこそ、〝生きる醍醐味〟は味わえるのです。

勇気を出して
あなたの道を貫いて

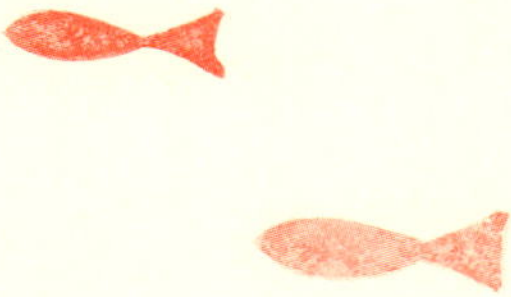

ビジネスで成功を収めた人の厳格でハードな仕事ぶりを垣間見る《かいまみ》たび、私は肩をすくめて「とても真似できない」と思ったものです。

『成功とはただひとつ。自分の人生を自分の流儀で過ごせること』

これはイギリスの推理作家、アガサ・クリスティーの言葉。私はこの言葉にどれほど多くの勇気をもらったことでしょう……。彼女は、自分の思うままを貫いてこそ人生の成功はある、と言い切っているのです。

たとえば、多くの人が合理性を求めて生活するなかで、自分は時間をかけて物事に取り組むほうが性に合っていると思えば、そうすればいい。

王道とされる道を進むことに違和感を覚えたなら、自分の胸に「本当はどうしたい？」と尋ねて答えを出せばいい。ほかの人と比べる必要もなく、大勢と同じにできない自分を危惧《きぐ》する必要もありません。

我が道をいくことは勇気のいることかもしれないけれど、どんな状況にもめげず〝自分の流儀〟を守ってこそ、人生の成功はあるのです。

本気になると
人生が応えてくれる

人生がすばらしいものだったかどうかは、終えるときになってみなければわかりません。でも、いつかくるその日まで、すばらしいと思う生き方を積み重ねていくことはできます。

あなたは、どんな生き方をしたいですか？

自分が持っている力を試したい、実力を出し尽くしてまっとうしたいと願うならば、何事も〝本気〟でやることです。

『本気ですればたいていな事はできる　本気ですればなんでも面白い　本気でしているとたれかが助けてくれる』と後藤静香は詩につづっています。

あなたが命がけで挑めば、人生は必ず応えてくれますよ。

冷めた態度で格好をつけることは容易ですが、なりふりかまわず本気で生きた者だけが手にできる満足が、きっとあると思うのです。

だれの人生も一度きりです。「いろいろあったけど、結局はすばらしいことしか起きてなかったんだね」と笑って終われるように生きませんか？

今、ここに、生きているという
有り難さを感じて

「ありがとう」の反意語はなんだと思いますか？

有り難い（めったにない）ことに感謝する気持ちから生まれた言葉が、「ありがとう」。だから反意語は、「当たり前」です。

たとえば、あなたが生まれてきたこと、あなたを育ててくれた人がいたこと、さまざまな人とめぐり会って今日までやってこられたこと、これからもだれかに助けられて生きていくこと……、それらはあなたにとって有り難いこと？それとも、当たり前なこと？

日常に埋もれてなんでもかんでも「当たり前」という感覚に陥ってしまうと、不平ばかり並べ立て、感謝する気持ちを忘れてしまいます。

『人生には二通りの生き方しかない。ひとつは奇跡など何も起こらないと思って生きること。もうひとつはあらゆるものが奇跡だと思って生きること』

アインシュタインはそう述べて、私たちひとりひとりに「あなたが幸せに生きられる道はどちらですか？」と問いかけたのです。

悩みも、感動も
人生の贈りもの

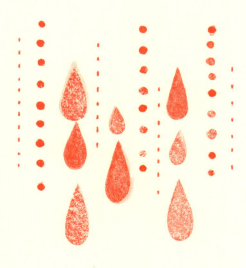

「人間は〝苦しみの涙〟を〝感動の涙〟に変えるために生きているんだなぁ」とつくづく感じることがあります。もしかすると、みんなそれぞれの人生で感動したくて、この世に生まれてきたのかもしれません。

私たちは悩み苦しむからこそ、それを乗り越えたとき、心が震えて幸せを感じるのです。だからあなたも、「思い悩んではいけない」と自分を責めることはありませんよ。好きなだけ悩んでいいし、いじけることがあってもいい。怒りも、笑いも、頬を伝う涙も、すべて人生の贈りものだから。

ロシアの小説家、トルストイは、『**一番むずかしく、しかももっとも大切なことは、人生を愛することです。苦しいときでさえも愛することです。人生は、すべてだからです**』と言いました。

悩めるのも、涙をこぼせるのも、生きているからできること。そうやってあなたを生かしてくれている人生を愛すれば、感動が泉のようにわいてきます。

あなたの人生は、あなたを幸せにしたくてたまらないのです。

参考文献

『明日が変わる　座右の言葉全書』話題の達人倶楽部編／青春出版社／二〇一三
『アドラー心理学　実践入門』岸見一郎／ワニ文庫／二〇一四
『雨の日には雨の中を　風の日には風の中を』相田みつを／角川文庫／二〇〇九
『必ず出会える！　人生を変える言葉２０００』西東社編集部編／西東社／二〇一五
『金子みすゞ名詩集』金子みすゞ／彩図社／二〇一一
『聞いちゃった！　決定版「無名人語録」』永六輔／新潮文庫／二〇〇二
『奇跡の脳　脳科学者の脳が壊れたとき』ジル・ボルト・テイラー著、竹内薫訳／新潮文庫／二〇一二
『教養が滲み出る極上の名言１３００』斎藤茂太監修／日本文芸社／二〇〇四
『賢人たちに学ぶ　道をひらく言葉』本田季伸／かんき出版／二〇一二
『権威』後藤静香／善本社／二〇〇一
『幸福論』アラン著、白井健三郎訳／集英社文庫／一九九三
『ココ・シャネルという生き方』山口路子／新人物文庫／二〇〇九
『心が折れそうなときキミを救う言葉』ひすいこたろう、柴田エリー／ソフトバンク文庫／二〇一二
『心が満たされる心理学』B・アンジェリス著、加藤諦三訳／三笠書房／一九九六
『心に火をつける言葉』遠越段／総合法令出版／二〇一四
『座右の銘』ティーケイシー出版編集部編／ティーケイシー出版／二〇〇四
『日本の思想家　珠玉の言葉百選』日本思想学習指導研究会編／日本教育新聞社／二〇一四
『人生はニャンとかなる！』水野敬也、長沼直樹／文響社／二〇一三

『人生はもっとニャンとかなる！』水野敬也、長沼直樹／文響社／二〇一五
『人生はワンチャンス！』水野敬也、長沼直樹／文響社／二〇一二
『聖なる知恵の言葉』スーザン・ヘイワード編、山川紘矢・山川亜希子訳／ＰＨＰ文庫／二〇〇〇
『強く生きる言葉』岡本太郎／イースト・プレス／二〇〇三
『トケイヤーのユダヤ格言集』ラビ・Ｍ・トケイヤー編著、助川明訳／知的生きかた文庫／一九九四
『とびきり聡明な女たち』アンジェラ・Ｂ・フリーマン編、安藤優子監訳／大和書房／二〇〇二
『なるほど！　名言金言』主婦の友社編／主婦の友社／二〇〇九
『日本語を使いさばく　名言名句の辞典』現代言語研究会／あすとろ出版／二〇〇八
『人の心を動かす「名言」』石原慎太郎監修／ロングセラーズ／二〇〇五
『人を動かす』Ｄ・カーネギー著、山口博訳／創元社／一九九九

参考ホームページ

http://iyashitour.com/meigen/
http://www.meigennavi.net/
http://www.meigensyu.com/
http://earth-words.org/
http://meigensen.com/

※このほかにも、さまざまな文献を参考にさせていただきました。

宇佐美百合子

1954年、愛知県生まれ。CBCアナウンサーを経て海外で起業。86年、読売新聞社主催「ヒューマンドキュメンタリー大賞」に『二つの心』が入選。帰国後、心理カウンセラーとして活躍。ネット・カウンセリングを開設する一方、幸せに生きるためのメッセージを精力的に発信し、数々のベストセラーやロングセラーを生み出す。おもな著書に、『もう、背伸びなんてすることないよ』『涙はきっと明日の喜びになるから』(ともに幻冬舎)、『がんばりすぎてしまう、あなたへ』『嫌な感情の愛し方』(ともにサンクチュアリ出版)、『お月見日和』(宝島社)などがある。
ホームページhttp://www.iii.ne.jp/usami/

運命は、きっと変えられるよ

2016年1月25日　第1刷発行

著　者　宇佐美百合子
発行者　見城 徹

発行所　株式会社 幻冬舎
〒151-0051　東京都渋谷区千駄ヶ谷4-9-7
電話　03-5411-6211(編集)
03-5411-6222(営業)
振替　00120-8-767643

印刷・製本所　株式会社 光邦

検印廃止

ISBN978-4-344-02881-4　C0095
幻冬舎ホームページアドレス　http://www.gentosha.co.jp/
この本に関するご意見・ご感想をメールでお寄せいただく場合は、comment@gentosha.co.jpまで。